XINLING　HANGBIAO

DAINI XIANCHANG GANWU YAN'AN JINGSHEN

心灵航标

带你现场感悟延安精神

延安职业技术学院　编著

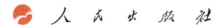

人民出版社

责任编辑：余　平
装帧设计：周方亚
责任校对：余　佳

图书在版编目（CIP）数据

心灵航标：带你现场感悟延安精神／延安职业技术学院 编著 . — 北京：
　人民出版社，2024.6
ISBN 978 - 7 - 01 - 026172 - 0

I. ①心…　II. ①延…　III. ①延安精神 – 学习参考资料　IV. ① D648.4

中国国家版本馆 CIP 数据核字（2023）第 252245 号

心灵航标

XINLING HANGBIAO

——带你现场感悟延安精神

延安职业技术学院　编著

人民出版社 出版发行

（100706　北京市东城区隆福寺街 99 号）

中煤（北京）印务有限公司印刷　新华书店经销

2024 年 6 月第 1 版　2024 年 6 月北京第 1 次印刷
开本：710 毫米 ×1000 毫米 1/16　印张：13
字数：150 千字

ISBN 978 - 7 - 01 - 026172 - 0　定价：56.00 元

邮购地址 100706　北京市东城区隆福寺街 99 号
人民东方图书销售中心　电话（010）65250042　65289539

序　言

呼世杰

　　延安是中国革命圣地，具有丰富的革命文物资源。延安职业技术学院是一所诞生在延安窑洞，有着光荣办学历史的红色学府。

　　多年来，延安职业技术学院秉承鲁迅师范学校的优良办学传统，坚持"延安精神立院、德能并重育人"的办学使命，将"传承枣园灯火、培育能工巧匠"的大学精神贯穿于"三全育人"全过程，推进以"红色文化为根、延安精神为本、工匠精神为魂"为核心内容的校园文化建设。创办延安干部培训学院枣园分院，组建革命传统教育研究中心、延安红色文化教育研究中心，开发《延安精神特色素质教育》精品在线开放课程，培养了一批延安精神宣讲名师，《新时代融入延安精神的高职思想政治教育体系创新与实践》荣获省级教学成果奖，努力做到用"延安精神"武装师生头脑，滋养初心，淬炼灵魂。

　　这本《心灵航标——带你现场感悟延安精神》，是延安职业技术学院长期以来研究、宣传、弘扬延安精神的又一个重要成果。它以延安精神内涵为纲，以红色历史为目，以革命旧址为场景，用文字呈现与现场微课相结合的形式，真实、直观、灵活地展现了党中央在延安十三年的光辉岁月，是青年学子学习延安精神、坚定理想信念、端正人生航向不可多得的"精神钙片"。

立德树人育新人，延安精神筑匠心。新的历史时期，我们将继续认真贯彻习近平总书记"在新的历史条件下，坚持正确政治方向，服务党和国家工作大局，深入研究、大力宣传、认真践行延安精神"的指示精神，充分利用红色优势资源，深度挖掘精神源流，紧贴时代要求，在加强"四史"教育中突出延安革命史教育，大力推动"思政课程"到"课程思政"改革，进一步拓宽红色文化育人渠道，矢志培养红色传人，彰显延安精神时代价值。

2021 年 2 月 20 日

C目录
ONTENTS

理 想 篇
"革命理想高于天"

〉〉〉〉〉〉〉〉〉〉〉

"革命理想高于天"

《过雪山草地》

萧　华

雪皑皑，野茫茫，

高原寒，炊断粮。

红军都是钢铁汉，

千锤百炼不怕难。

雪山低头迎远客，

草毯泥毡扎营盘。

风雨侵衣骨更硬，

野菜充饥志越坚。

官兵一致同甘苦，

革命理想高于天。

中央红军二万五千里长征穿越 11 个省，翻过 6 座终年积雪的皑皑雪山，蹚过 30 条大河，走过了相当于法国面积的沼泽地，平均 3 天进行 1 场大战，每行进 300 米就有 1 名战士倒下，红军将士斗志旺盛，永不言败，创造了人类战争史上的奇迹。参加过长征的解放军高级将领萧华在他创作的《过雪山草地》中感慨道:"红军都是钢铁汉,千锤百炼不怕难。""风雨侵衣骨更硬,野菜充饥志越坚。"

红军将士何以有撼人心魄的钢铁般的意志,打不垮,压不折,理由只有一条:"革命理想高于天。"

理想信念就是人的意志和志向。古人云:"志之所趋,无远勿届,穷山距海,不能限也。志之所向,无坚不入,锐兵精甲,不能御也。"艰难可以摧残人的肉体,但无法撼动人坚定的理想信念。

党的一大在反动统治的白色恐怖中召开,经由上海转至嘉兴,在南湖红船上完成缔造中国共产党的使命,靠的是坚定的理想信念和百折不挠的革命精神。之后,我们党在长期艰苦卓绝的奋斗中,历经曲折而不畏艰险,屡受考验而不变初衷,由小到大,由弱变强,靠的还是坚定的理想信念和百折不挠的革命精神。中国共产党人不管风吹浪打,不怕急流险滩,始终坚定自己的理想和信念,以压倒一切敌人、战胜一切困难的大无畏英雄气概,矢志推动中国革命和建设事业的大船劈波斩浪、不断奋进。习近平总书记指出:"坚定理想信念,坚守共产党人精神追求,始终是共产党人安身立命的根本。"

80多年前的延安,物资极度匮乏、条件十分艰苦,人们却朝气蓬勃、充满激情,这座古城成为成千上万海内外进步青年景仰、向往的精神高地。何以如此?因为延安共产党人有崇高的理想、坚定的信念、真理的光辉、民族的希望。

革命理想高于天。为了实现打败日寇,求得民族解放的伟大革命理想,共产党人展现博大胸怀,审时度势,团结一切可以团结的力量,建立最广泛的抗日民族统一战线,共同抵御侵略,打败强敌。

"打断骨头连着筋，剥去皮肉还有心，只要还有一口气，爬也爬到延安城。"1937年10月上海沦陷后，一批爱国青年和进步人士，为了抗日救亡，为了追求真理，辗转数月，艰难跋涉数千里，历经千辛万苦，奔赴革命圣地延安。

抗大初创时，没有教室、礼堂、桌椅、设备、仪器，挖石洞作教室，凿石壁当黑板，石头作桌椅作讲台，在世界教育史上独一无二。毛泽东风趣地说，抗大"过着石器时代的生活"，但抗大越办越大，越办越好。抗大成立两周年时，罗瑞卿感叹："抗大抗大，越抗越大。"

革命理想高于天。敌人用八支枪对着王若飞的胸膛：你说一个"招"字，马上获得自由。他大义凛然，指着敌人的鼻子："招"字在我们共产党人的字典里早就被抠掉了。

加拿大胸外科专家、共产党员诺尔曼·白求恩，不远万里来到中国。4个月，行程1500余里，做手术315次，建立手术室和包扎所13处，救治伤员1000多名。曾在69个小时内作了115次手术，甚至在炮火轰炸的情况下也未中断。1939年10月，给伤员做手术，手指被割破，病菌感染，得了败血症，于11月12日凌晨在河北省唐县黄石口村逝世，年仅49岁就为中国革命献出了宝贵的生命。

1946年春节期间，毛岸英从苏联回国，毛泽东特意安排他穿上自己打了补丁的衣服和旧布鞋，到延安县柳林区二乡的吴家枣园，做边区特等劳动英雄吴满有的学生。1950年朝鲜战争爆发，毛泽东送子出征。毛岸英牺牲后，毛泽东忍着悲痛说："岸英是我的儿子，可他首先是中国人民的儿子，他死得其所，死的值得。"

没有一大批具有坚定共产主义理想的中华儿女浴血奋战，

就没有新中国，也没有祖国今天的繁荣昌盛。理想信念是一个国家、民族和政党团结奋斗的精神旗帜，坚定理想信念，坚守共产党人精神追求，始终是共产党人安身立命的根本。

实现中华民族伟大复兴的接力棒已经传到新时代青年的手中，青年朋友们要树立远大理想，接好这一棒，矢志不渝，砥砺前行，跑出好成绩。牢记习近平总书记给第三届中国"互联网+"大学生创新创业大赛"青年红色筑梦之旅"大学生回信中的殷殷嘱托："延安是革命圣地，你们奔赴延安，追寻革命前辈伟大而艰辛的历史足迹，学习延安精神，坚定理想信念，锤炼意志品质，把激昂的青春梦融入伟大的中国梦。"

📖 **想一想　做一做：**

1. 请您搜集整理中国革命、建设、改革各个时期用理想信念战胜艰难险阻的感人故事。

2. 反躬自问：我有没有崇高的理想信念，若无，怎么办？若有，如何树得更牢？如何为之奋斗一生？

"朋友多多的，敌人少少的"

——夺取抗日民族统一战线的胜利

刘 院 琴

中共中央统一战线旧址

[引 言]

1935年12月，中共中央瓦窑堡会议确立了建立抗日民族统一战线的策略。1938年9月至11月，中国共产党在延安召开扩大的六届六中全会，提出在区委以上各级党委之下设立统一战线部。1939年1月5

日，中央书记处会议决定"组织中央统一战线部"。4月，中共中央统一战线部在延安成立。1947年3月，撤离延安。1948年9月，更名为中共中央统一战线工作部。

延安时期中国共产党建立和发展的抗日民族统一战线和人民民主统一战线，对民族独立，人民解放以及新中国的成立发挥了重要作用。走进那段历史，重温中国共产党抗日民族统一战线的路线方针政策，我们能感受到统一战线凝聚人心、汇聚力量的实践。

延安时期，毛泽东曾问胡耀邦："什么是政治？"胡耀邦讲了书本上的很多内容，毛泽东说："没这么复杂，政治就是把支持我们的人搞得多多的，把反对我们的人搞得少少的！"这句家常话，道出了统一战线工作的精髓。

延安时期，中国共产党统一战线的核心，就是最大限度地团结一切可以团结的力量，调动了一切可以调动的积极性，壮大了革命阵营；最大限度地孤立、分化了敌人，为最终消灭敌人创造了条件。

一、抗日民族统一战线形成的历史背景

（一）第一次国共合作失败，国共内战爆发

1927年，国民党蒋介石集团和汪精卫集团与帝国主义和大地主大资产阶级勾结，先后背叛革命，发动反革命政变，大

肆屠杀共产党人和革命群众。自1924年开始的国共合作的反帝反封建的大革命失败。

1. 共产党确定武装起义的方针

共产党为了反抗国民党反动派的残酷镇压，利用手中控制的少量国民革命军武装，于1927年8月1日发动南昌起义，打响了武装反抗国民党反动派的第一枪，揭开了中国共产党独立领导武装斗争和创建革命军队的序幕。

1927年8月7日，中共中央政治局在湖北武汉召开八七会议，确定实行土地革命和武装反抗国民党反动统治的总方针，并把发动农民举行秋收起义作为党在当时的最主要任务。

1927年10月，毛泽东领导秋收起义的部队到达井冈山，开展游击战争，进行土地革命，建立地方武装，创立了第一个农村革命根据地，为中国革命开辟了一条以农村包围城市最后武装夺取政权的道路。

1928年4月，朱德、陈毅等领导的湘南起义部队到达井冈山，与毛泽东领导的井冈山工农革命军会合后，逐步扩大了根据地。在此期间，共产党还领导了广州起义、平江起义、百色起义、宁都起义等武装起义，组建了红军部队，并建立了革命根据地。1931年11月，中华苏维埃共和国临时中央政府在江西瑞金成立。

1931年9月18日，日本帝国主义发动了九一八事变，侵占中国东北。中国共产党号召全国人民武装抗日，并领导东北抗日联军展开抗日斗争。

2. 国民党蒋介石政府顽固执行"攘外必先安内"的反动政策

九一八事变后，以蒋介石为首的国民党政府继续奉行

"攘外必先安内"的不抵抗政策，对中国共产党领导的工农红军和苏维埃区域，发动规模一次比一次大的"围剿"。

1933 年下半年，在前四次"围剿"失败后，国民党集中50 万以上兵力，采取持久战和堡垒主义的新战略，对中央苏区发动第五次"围剿"。第五次反"围剿"时，博古、李德等人执行进攻中的冒险主义和防御中的保守主义，使红军日益陷于被动。1934 年 10 月，除留一部分在南方各地继续坚持游击战争外，中央红军主力被迫退出根据地，进行战略转移。

在长征中，红军战胜了无数艰难险阻，突破了国民党军的围追堵截，粉碎了国民党消灭红军的企图，保存了党和红军的基干力量。1935 年 9 月、10 月，红二十五军和中央红军先后到达西北革命根据地。

然而，蒋介石不甘心失败，于 1935 年 9 月在西安设立"西北剿匪总司令部"，自兼总司令，张学良任副总司令，代行总司令职权，统一指挥陕、甘、宁、晋、绥等五省军队及东北军，围攻西北红军和西北革命根据地。

（二）中日民族矛盾成为中国社会主要矛盾，国共两党调整对内对外政策

1935 年，华北事变以来，日本帝国主义进一步入侵华北。中华民族陷入空前的民族危机，日本帝国主义与中华民族的矛盾上升为中国社会的主要矛盾。

化敌为友、共赴国难

1.共产党率先举起抗日救国大旗，倡导建立抗日民族统一战线

1935 年 8 月 1 日，中华苏维埃共和国临时中央政府、中国共产党中央委员会发表《为抗日救国告全体同胞书》，即

《八一宣言》，呼吁全体同胞应有"兄弟阋于墙，外御其侮"的真诚觉悟，停止内战，集中一切国力去为抗日救国的神圣事业而奋斗。

1935年12月，中共中央在驻地陕北瓦窑堡的政治局会议上通过了《关于目前政治形势与党的任务决议》，确定了建立抗日民族统一战线的政治路线。据此，中国共产党改变了过去只做下层统战工作的状况，采取上下层相结合的办法，把重点放在上层，尽可能争取各方面爱国人士、国民党高层人士、地方实力派和军队将领等。

1936年5月，红军东征结束、回师陕北，中国共产党向国民党政府发出《停战议和一致抗日的通电》，主动放弃了"反蒋抗日"方针，将政策转变为"逼蒋抗日"和"联蒋抗日"，表现出中国共产党为了促成抗日民族统一战线的诚意。

2. 国民党政府逐步调整对日政策

华北事变后，民族资产阶级中要求国民党政府改变对日政策的呼声日益增强。国民党政府中以四大家族为代表的亲英美派，也由于英美与日本之间矛盾的日益激化，而转变了对日本的态度。

1935年11月，国民党第五次全国代表大会召开。蒋介石在他所作的对外关系报告中说："和平未到绝望时期，决不放弃和平，牺牲未到最后关头，决不轻言牺牲。"但同时表示，若到了最后关头，"即听命党国，下最后之决心"。以此次会议为契机，国民党政府开始调整对日政策。

1936年7月，蒋介石在国民党五届二中全会上发言说："中央对于外交所抱的最低限度，就是保持领土主权的完整。"表达了绝对不容忍任何损害国家领土主权的态度。并表示，

"从去年 11 月全国代表大会以后，我们如遇有领土主权再被人侵害，如果用尽政治外交方法而仍不能排除这个侵害，就是要危害到我们国家民族之根本的生存，这就是为我们不能容忍的时候。到这时候，我们一定作最后之牺牲。所谓我们牺牲的最低限度，就是如此"，且表明不会签订承认伪满洲国的协定。

1936 年 9 月，中日双方进行了调整中日关系的谈判，国民党政府的政策逐渐强硬，并提出取消塘沽、上海两个停战协定、取消冀东伪政权和停止走私等要求。

二、抗日民族统一战线形成的工作实践

（一）中国共产党的抗日民族统一战线工作

中国共产党积极开展对在陕西的张学良、杨虎城的统一战线工作，形成了"三位一体"的合作局面。通过红军东征，共产党对在山西的阎锡山展开多层次、多形式的统战工作。

携手抗战、
夺取胜利

1. 中国共产党争取东北军联共抗日

1935 年 9 月，张学良的东北军开往西北"剿共"，经过劳山战役、榆林桥战役和直罗镇战役，东北军连遭败绩、损失惨重。加之蒋介石撤销了东北军被红军歼灭的三个师的番号，张学良对"追剿"红军产生了动摇情绪。针对张学良的爱国思想和东北军广大官兵背井离乡、痛恶战争，深受国破家亡的痛苦，中国共产党决定抓住这一有利时机积极争取东北军联合抗日。

1936 年 1 月，毛泽东、周恩来、彭德怀等 20 位红军将领联名发表《致东北军全体将士书》，肯定东北军曾经有过的抗日历史，呼吁东北军和红军团结起来，"为中国的独立解放奋

斗到底"。在开展政治宣传工作的同时，红军还教育释放俘虏，使他们回到东北军成为党和红军的义务宣传员。

1936年1月，原在榆林桥战役中被红军俘虏的东北军619团团长高福源被释放。高福源首先到东北军驻防地甘泉，宣讲共产党和红军联合全国军民共同抗日的主张。67军军长王以哲得知情况后，要求高福源前往洛川和他见面。在洛川，高福源不仅见到了王以哲，还见到了张学良。三人长谈后，王以哲非常赞成中共的抗日主张，张学良也表示愿意亲自与中共方面全权代表就抗日问题进行商谈。

在此基础上，中共中央决定与张学良方面开始正式接触，派中共中央联络局局长李克农跟随高福源前往洛川，与张学良进行会谈。不久，李克农再次来到洛川，与王以哲再次会谈，达成了红军与67军互不侵犯的口头协定。

4月9日晚，从瓦窑堡赶到延安的中共代表周恩来与张学良在城内的基督教堂彻夜长谈，张学良表示接受共产党关于停止内战、共同抗日的主张，并提出争取蒋介石抗日的建议。最后，双方还商定了红军与东北军互不侵犯、互相帮助、经济通商，及红军帮助东北军进行抗日教育等具体协议。

此次延安会谈后，中共中央成立了东北军工作委员会，并派李克农去洛川张学良指挥部工作。7月底，以张学良为首的具有联共抗日思想的东北军少壮派军官组成了秘密核心组织"抗日同志会"。9月，中国共产党与东北军签订了《抗日救国协定》，双方正式结束敌对状态。之后，张学良给红军提供了大量的过冬物资。

2.中国共产党与十七路军实现共同抗日

杨虎城及其率领的十七路军素有进步之名。杨虎城早在大革命时期就同中国共产党有较深的联系，"四一二"反革命政变后，杨虎城仍同中共北方局有联系。他在自己部下任用了一批共产党员和进步人士，如南汉宸、王炳南、申伯纯、杜斌丞等。中国共产党动用这些关系加紧对杨虎城及其部下的影响，积极开展对十七路军的统战工作。

1935年10月，中共中央北方局派代表在南京向杨虎城转达了中共《八一宣言》精神，并表达了中共愿与十七路军沟通关系的意向。12月，毛泽东派汪锋携带其致杨虎城、杜斌丞、邓宝珊的亲笔信到西安与杨虎城会见。

1936年2月，中共中央北方局派遣曾是杨虎城部下的王世英作为代表来到西安，商谈联合抗日问题。随后，中共中央从德国调回王炳南做争取杨虎城将军和十七路军抗日的统战工作。

最后，杨虎城完全接受停止内战、一致抗日的主张，并达成了各守原防、互不侵犯的秘密协定。在十七路军的掩护下，红军建立秘密交通站、运输站。

中共分别与东北军和十七路军建立统战关系，并通过联共抗日这个共同的政治方向，也加强了张学良和杨虎城彼此之间的关系，最终红军、东北军、十七路军"三位一体"联合抗日的局面逐渐形成。

3. 中国共产党开展对阎锡山的统战工作

1936年2月，就在红军东征期间，中共北方局利用朱蕴山与阎锡山同为老同盟会员的关系，派朱蕴山三赴太原与阎锡山谈判。东征回师后，通过被红军俘虏的阎锡山部下郭登瀛，转交毛泽东写给阎锡山的信，信中直接表明红军北上抗日的决心和希望能与阎锡山联合抗日的心愿。

面对日本的侵占抢夺恶行和蒋介石的渗透吞并企图，阎锡山也不得不考虑日后的生存问题，并设法与中共联系，寻找新的出路。

1936年9月，阎锡山派人专程到陕北，要求中共派代表秘密到太原来谈判。于是，中共派彭雪枫、周小舟、王世英先后到太原与阎锡山进行谈判。

1937年7月31日，阎锡山向在太原的彭雪枫表示，彭雪枫可以用红军和中共中央代表的名义公开进行活动。至此，阎锡山与中共正式建立起了半公开的抗日民族统一战线。

（二）抗日民族统一战线的形成过程

1. 西安事变及其和平解决成为时局转换的枢纽

在中国共产党统一战线主张和全国人民抗日救亡运动的推动下，张学良、杨虎城停止内战、联共抗日的思想更加坚定。1936年10月22日，蒋介石由南京飞抵西安，严令"进剿"红军。张学良当面表示反对，并提出停止内战，一致抗日的要求，遭到蒋介石拒绝。此后，张学良多次劝谏不成，反遭蒋介石威胁。12月11日晚，蒋介石命令中央军接替东北军和西北军的"剿共"任务。也就在当晚，张学良和杨虎城分别召见东北军和十七路军高级将领，宣布进行兵谏，逼蒋抗日。

12月12日清晨，东北军奉命到华清池活捉蒋介石。同时，十七路军扣留了国民党军政要员。这就是震惊中外的西安事变。

13日，张学良和杨虎城发表通电，说明被迫发动兵变是为了敦促蒋介石进行抗战，并提出"改组南京政府，容纳各党各派共同负责救国""停止一切内战"等八项主张。

事变发生后，国内外各种政治势力反响强烈，红军内部多数人主张杀蒋介石报仇，而中共中央和毛泽东以国家、民族大业为重，审时度势，权衡利弊，力排众议。随即，中共中央通电全国，表明中国共产党支持张学良、杨虎城两位将军抗日主张及和平解决事变的立场，建议召开会议，各方面代表共商解决事变问题和抗日救国大计。12 月 23 日，张学良、杨虎城与宋子文、宋美龄举行谈判，周恩来代表中共中央参加了谈判会。24 日，蒋介石同意停止内战，联共抗日的主张，并于 26 日返回南京。

西安事变及其和平解决，是国内战争走向抗日民族战争的转折点，毛泽东在中共七大作《论联合政府》的报告时说："西安事变的和平解决成了时局转换的枢纽：在新形势下的国内合作形成了，全国的抗日战争发动了。"

2. 抗日民族统一战线的初步形成

西安事变和平解决之后，中共中央为推动抗日民族统一战线的形成，促进国共两党合作的实现，1937 年 2 月 10 日发表《中共中央给中国国民党三中全会电》，向国民党提出了五项要求，即：停止一切内战，集中国力，一致对外；言论、集会、结社之自由，释放一切政治犯；召集各党、各派、各界、各军的代表会议，集中全国人才，共同救国；迅速完成对日抗战之一切准备工作；改善人民的生活。电文还明确表示，如果国民党三中全会将这五项要求定为国策，中国共产党为了达到全国一致抗日的目的，愿意作出四项保证，即：在全国范围内停止推翻国民政府之武装暴动方针；苏维埃政府改名为中华民国特区政府，红军改名为国民革命军，直接受南京中央政府与军事委员会之指导；在特区政府区域内实行普选的彻底的民主制度；停止没收地主土地之政策，坚决执行抗日民族统一战线之共同纲领。

2月15日，国民党五届三中全会召开。会议最终通过了一个实际接受中国共产党提议的决议案，表明国民党当局正在接受中国共产党倡导的国共合作抗日的政策。

为了敦促蒋介石履行在西安事变中承诺的六项协议，促进国民党早日实行联共抗日的政策，中国共产党决定应蒋介石之邀，派代表直接同国民党代表进行谈判。1937年2月至3月，周恩来等在西安与国民党代表谈判；3月下旬至4月初，周恩来与蒋介石在杭州进行谈判；6月，周恩来又上庐山与蒋介石谈判。国共合作的形势逐渐明朗化。

3. 国共两党第二次合作的实现和抗日民族统一战线的建立

1937年7月7日夜，卢沟桥的日本驻军在未通知中国地方当局的情况下，径自在中国驻军阵地附近举行所谓军事演习，并诡称有一名日军士兵失踪，要求进入北平西南的宛平县城（今卢沟桥镇）搜查，被中国驻军严词拒绝，日军随即向宛平城和卢沟桥发动进攻。这就是著名的"七七事变"。七七事变拉开了全民族抗日战争的序幕。

7月8日，中共中央向全国发出通电，号召实行全民族抗战。就在当日，周恩来率领中共代表团上庐山，同国民党谈判发布国共合作宣言、红军改编、苏区改制等问题。7月17日，谈判继续进行。8月9日，谈判在南京继续进行，仍未达成一致意见。此时，北平沦陷，天津失守。8月13日，日军大举进攻上海，扬言3个月灭亡中国，直接威胁国民政府首都南京，情势危急。8月22日至25日，中共中央在洛川召开扩大的政治局会议，史称"洛川会议"。会议通过了《抗日救国十大纲领》，提出了争取抗战胜利的全面抗战路线。8月25日，中共中央军委发布命令，将红军改编为国民革命军第八路军，朱德、彭德怀为正、副总指挥。9 月 6 日，陕甘宁苏维埃政府改为陕甘宁边区政府，林伯渠任主席。

1937 年 9 月 22 日，国民党中央通讯社公开发表了《中国共产党为公布国共合作宣言》。第二天，蒋介石在庐山发表了《对中国共产党宣言的谈话》，申明国共合作、团结御侮的重要性，承认中国共产党的合法地位。至此，以国共两党合作为基础的抗日民族统一战线正式形成。

三、抗日民族统一战线的显著成绩

在波澜壮阔的全民族抗战初期，国民党和共产党领导的中国军队，军事上密切配合，同仇敌忾，携手抗战，给日本侵略者以沉重打击。国民政府调动全国军队，在正面战场抵抗日军进攻。八路军和新四军分属第二、第三、第五战区战斗序列，参加了各战区的防御作战，积极配合国民党军队作战。

（一）国共两党军队携手抗日的忻口战役

1937 年 9 月 21 日，日军由灵丘向平型关进犯。从 21 日到 29 日，中国正面守军在平型关与日军展开激烈战斗，阵地数次易手，战事呈胶着状态。9 月 24 日晚，八路军 115 师赶到平型关，冒雨伏击，第二天一举歼灭日军 1000 多人，并缴获大量军用物资，取得了平型关大捷。但是，板垣征四郎立刻调集了更多的兵力，突破了平型关，目标直指晋北通往太原的门户忻口。

10 月 4 日，蒋介石急令嫡系 14 军的卫立煌，率四个半师由平汉前线赶赴忻口。10 月 5 日，八路军中央军委副主席周恩来亲抵太原，同阎锡山、卫立煌商谈忻口会战的战略部署，最后达成协议：统一指挥国共两党的大约 10 个师、8 万多人的部队，中路 57 个团由卫立煌指挥，右翼 10 个团，归朱德、彭德怀指挥。

忻口战役中，卫立煌指挥 8 万中央军和晋绥军，在 50 余里宽的阵地上固守抗击。激战正酣时，八路军 120 师在敌后利用伏击战截断了大同、雁门关一带的日本交通补给线，使进攻忻口的日军粮草弹药和油料供应濒于断绝。

在轰炸忻口的敌机每天在中国守军阵地上空俯冲、扫射、投弹时，10 月 19 日，八路军把夜袭阳明堡机场的任务交给了 129 师 769 团 3 营。突击队员利用机枪和手榴弹去炸毁飞机，有的战士把手榴弹绑在自己身上，扑进敌群，与飞机同归于尽。年仅 23 岁的营长赵宗德在指挥战斗中壮烈牺牲。日军 24 架飞机全部被摧毁，日本守军也被全部歼灭。

夜袭阳明堡机场的胜利使日军一度失去了空中优势，有力地支援了忻口防御作战。卫立煌专门赶到五台山八路军总部向朱德致谢，蒋介石颁发了嘉奖令，还给部队发了 2 万元奖金。

在八路军的有力配合下，忻口友军坚守阵地 20 多天，中国军队以伤亡 10 万余人的代价，歼灭日军 2 万余人。忻口会战，是抗战初期华北战场国共两党军队合作抗日、配合有力的战例。

（二）全中国人民投入抗战洪流的武汉会战

武汉会战从 1938 年 6 月至 10 月，在武汉外围沿长江南北两岸展开，战场遍及鄂、豫、皖、赣 4 省广大地区。中国军队浴血奋战，大小战斗数百次，以伤亡 40 余万人的代价，毙伤日军 10 余万，大大消耗了日军有生力量，挫败了日军速战速决的战略企图。中方虽然最终撤离武汉，但阻滞和杀伤了敌人，内迁了一部分工厂，保存了部分军队实力，赢得了时间，积累了经验，达到了"以空间换时间""阻止敌人四至六个月"的战略目的。

武汉会战期间，国民党暂时放开党禁，承认共产党及八路军和新四军在抗战中的合法地位，拨给八路军、新四军一定的抗战给养和军费等；允许中共中央和八路军在武汉设立办事处，成立长江局；允许各抗日民众团体有言论、集会、结社等自由民主权利。

共产党则拥护蒋介石和国民政府在全国抗战中的领导地位，毛泽东、董必武等七名共产党领导人出任国民参政会参议员，周恩来出任国民政府军事委员会政治部副部长。中共中央多次向国民党政府就如何有效保卫武汉建言献策。

各社会文化团体、各界群众开展了抗日救亡活动，形成了"工农商学兵、一起来救亡"的宏大场面。

武汉会战的历史证明，只有广泛动员、组织和武装广大人民群众参加和支援战争，形成人民战争的汪洋大海，才能战胜日本侵略者。

（三）抗日战争的胜利也是中国共产党抗日民族统一战线的胜利

1945 年 8 月 14 日，日本政府照会中、美、英、苏四国政府，无条件投降。8 月 15 日清晨 7 点，四国政府在各自首都同时宣布接受日本政府无条件投降。9 月 2 日，日本政府正式签署投降书，宣告了日本侵略者的彻底失败和世界反法西斯战争的最后胜利。

中国人民经过艰苦卓绝的浴血奋战，打败了日本帝国主义，夺取了中国人民抗日战争的伟大胜利，夺取了近代以来中国抗击外敌入侵的第一次完全胜利，为中华民族由陷入深重危机走向伟大复兴确立了历史转折点。

在民族危亡的生死关头，中国共产党秉持民族大义，倡导建立抗日民族统一战线，广泛团结各党派、各民族、各阶级、各阶层、各团体以及海外华侨华人等一切可以团结的抗日力量，为夺取抗战胜利作出了不可磨灭的重要贡献。可以说，抗日战争的胜利也是中国共产党抗日民族统一战线的胜利。

四、抗日民族统一战线的几点启示

中国共产党领导的抗日民族统一战线，作为统一战线历史上的光辉典范，蕴含着深刻启示，需要始终铭记、发扬光大。

（一）加强中国共产党的全面领导，坚定正确政治方向

抗日战争时期，中国共产党以自己的政治主张、坚定意志、模范行动，成为中国人民夺取抗战胜利的中流砥柱。当前，面对急剧变化的国际形势以及全面建成社会主义现代化强国的艰巨任务，统一战线必须毫不动摇地坚持和加强党的领导，坚持以习近平新时代中国特色社会主义思想为指导，牢固树立"四个意识"，坚定"四个自信"，捍卫"两个确立"，做到"两个维护"，始终保持正确发展方向。

（二）坚持爱国主义，巩固共同思想政治基础

爱国主义是中华民族精神的核心。中华民族伟大复兴的梦想是爱国主义在当代中国的集中体现，是中华儿女的最大政治共识。统一战线要以实现中华民族伟大复兴的中国梦为引领，不断增进中华儿女对中国特色社会主义道路自信、理论自信、制度自信、文化自信，切实巩固团结奋斗的共同思想政治基础。

（三）坚持大团结大联合，巩固和发展最广泛的爱国统一战线

当前，世界之变、时代之变、历史之变的特征更加明显，统战工作面临的时和势、肩负的使命和任务也发生了重大变化。统一战线在维护国家主权、安全、发展利益上，在全面建设社会主义现代化国家、实现中华民族伟大复兴中，发挥着重要作用。

人心是最大的政治，共识是奋进的力量。要牢牢把握新时代爱国统一战线的历史方位和重要使命，坚持中国特色社会主义道路，坚持中国共产党的领导，紧紧围绕新时代新征程党的中心任务，调动一切积极因素，团结一切可以团结的力量，奋力谱写新时代爱国统一战线事业新篇章，为实现中华民族伟大复兴而团结奋斗。

· 结 束 语 ·

在民族矛盾空前尖锐、阶级矛盾空前复杂的形势下，中国共产党作为民族抗日的中流砥柱，在风起云涌、波澜壮阔的历史洪流中，建立和发展了抗日民族统一战线，使中国新民主主义革命走向了辉煌。

作为新时代的中国青年，我们重温抗日民族统一战线的形成、发展、巩固和壮大，旨在汲取统一战线的精髓，把"朋友搞得多多的，敌人搞得少少的"，团结一切可以团结的力量，调动一切可以调动的积极因素，最大限度地凝聚起中华儿女共同奋斗的力量，为全面建设社会主义现代化国家、实现中华民族伟大复兴的中国梦作出更大贡献！

打断骨头连着筋　爬也爬到延安城

邹　燕

爱国青年奔赴延安

[引　言]

　　80多年前，有一大批爱国青年，他们怀着对延安的憧憬和向往，历尽艰辛，甚至冒着生命危险辗转多地，终于到达延安，有的人步行 700 多里来到这里。本节将回顾当年革命青年奔赴延安的故事。

"试问九州谁做主，万众瞩目清凉山"。陈毅同志为中共七大胜利召开，在贺《七大开幕》诗中，向全中国、全世界人民昭示：是中国共产党人在延安树立起来一面全面抗战的旗帜。

1939 年，印度援华医疗队几位医护人员，乘坐满载药品和医疗器械的汽车奔赴延安的途中，看到山路上一队队时隐时现徒步走向延安的青年，队长爱德华激动地说："奇迹，奇迹。这简直是奇迹，这是 20 世纪中国的耶路撒冷。"爱德华口中的奇迹，正是当年成千上万青年从祖国的四面八方，甚至从万里海外涌向延安的盛况。当时的延安成了爱国青年心中的圣地，这些爱国青年如潮水般地奔赴延安，形成了"天下人心归延安"的壮观景象。

"打断骨头连着筋，剥去皮肉还有心，只要还有一口气，爬也爬到延安城。"这是 1938 年上海爱国青年历尽艰辛到达延安后写下的感人话语。

"我们不怕走烂脚底板，也不怕遇上'九妖十八怪'，只怕吃不上延安的小米，不能到前方抗战；只怕取不上延安的经典，不能变成最革命的青年。"

这些爱国青年为什么要不畏艰险到延安去？让我们回到 20 世纪 30 年代末，回到那个"天下人心归延安"的时代，回望他们的信仰之路，追寻他们的历史足迹，寻找我们想要的答案。

一、爱国青年奔赴延安的原因

（一）日本侵略，民族危亡

1937年7月7日，"七七事变"拉开了中国全民族抗战的序幕。全民族抗战初期，国民党表现出一定的抗日积极性，先后进行了淞沪会战、徐州会战、太原会战等重要战役，粉碎了日本3个月灭亡中国的狂妄企图。可是，因为国民党政府内仍有一部分人抱着不抵抗主义，消极抗战，短短几个月，北平、天津、上海、南京相继沦陷，先后丢失了华北、华中的大片领土，连国民政府也迁都到了重庆。当时，中华民族到了最危急的时刻，到了生死存亡的最紧要关头。

（二）国共两党，政策不同

从1938年11月开始，抗日战争进入到战略相持阶段。日本开始改变了对国民党的策略，采取"政治诱降为主，军事打击为辅"的方针，国民党内部出现了分化，总体上采取的是消极抵抗。很多爱国青年参加抗战，最初是要到南京找国民党的，但他们的抗战热情在那里却没有得到回应。比如，爱国华侨青年白刃。1937年，白刃从菲律宾回国参加抗战，起初到南京找国民党，可是到了后发现，战地服务团的报名处却冷冷清清，花名册上只有一个人名。他和同伴要报名，办事人员却让他们找殷实的商家做担保，没有担保就不给报名。报国无门的他后来就奔赴了延安。

全民族抗战爆发后，中国共产党人倡导建立抗日民族统一战线，高举团结抗日的大旗，掀起了抗日救亡的高潮。陕甘宁边区率先落实统一战线政策，一片蒸蒸日上的局面吸引了众多革命青年去延安参加革命。为了进一步鼓舞大批知识青年参加革命，1939 年 12 月，中共中央做出了《大量吸收知识分子》的决定。为了更好地吸引知识分子来延安，还制定了"来则欢迎，去则欢送，再来再欢迎"的"来去自由"政策。当时，中国共产党的知识分子政策，是很多爱国青年转变政治走向的直接因素。因此，延安逐渐成为团结抗日、寻求真理、蓬勃向上的革命圣地，到延安去，成为无数知识青年的信仰与追求。

（三）《西行漫记》，真实苏区

20 世纪 30 年代末，抗战是中国唯一的声音，哪里是中国最支持抗战的地方？延安。可是，在当时信息不发达，传播媒体落后的情况下，爱国青年是怎么知道延安的？原八路军西安办事处纪念馆副研究员李一红通过调查和走访得知，很多当年经西安八路军办事处前往延安的进步青年都表示，他们对延安的向往，以及政治理想的转变都是因为一本书——《西行漫记》。1936 年 6 月，一位高鼻子、蓝眼睛的洋人，骑着一匹老马，来到当时中国共产党中央所在地——保安，这位洋人就是美国记者埃德加·斯诺。他当初是抱着"必死无疑"的心态来到苏区的，虽然国民党反动派蛊惑过他，但好奇心和正义感促使他冒险，为了真理他乐意做第一个吃螃蟹的人。正如斯诺在《西行漫记》中说的："为了要探明事情的真相，难道不值得用一位外国人的脑袋去冒一下险吗？"

后来的事实证明，这次的冒险是值得的。1937 年 10 月，斯诺采访所著的《红星照耀中国》在伦敦出版。1938 年 2 月，该书中文版以书名《西行漫记》在上海问世，在国内外产生了巨大影响。书中所介绍的中国共产党在苏区的政治、经济、文化、生活等各方面的情况，成为当时许多人了解共产党、了解陕北苏区的窗口。很多人第一次通过这本书知道了当时共产党以及苏区的真实情况，这也让海内外爱国知识青年看到了希望。当时，延安作为陕甘宁边区的首府，成为抗日救亡的圣地，到延安去，也成为无数知识青年的信仰与追求。

（四）家国情怀，朝圣动因

"天下兴亡，匹夫有责。"革命知识青年奔赴延安的内在动因，就是他们这种忧国忧民的家国情怀。当时的爱国知识青年中有很多都是社会精英，这些人放弃了优越的生活，来到延安，积极投身民族救亡运动。就像诗人柯仲平在他的《延安与中国青年》这首诗里所说的："延安吃的小米饭，延安穿的麻草鞋，为什么你爱延安？"延安当时那么穷，生活那么艰苦，为什么还有这么多的青年们涌向延安？这恐怕不仅是当时的延安人民、当时的中国人民，而且是当时的全世界人民都在提的一个问题。当年的爱国青年甘冒出生入死之险、身陷囹圄之难、丧失亲友之痛、缺衣少食之苦奔赴延安，他们是在用热血和生命诠释"革命理想高于天"的伟大情怀。延安犹如一块巨大的磁石，强烈地吸引着众多热血青年"朝圣"般向延安涌来。

因此，抗日战争的全面爆发，以及国共两党不同的对日政策，逐渐形成了爱国青年对国共两党的认识和判断，要寻求抗日救国的真理，只能到延安去。这样，许多满怀革命理想和抗日热情的进步青年、知识分子、爱国人士，从国统区、从沦陷区，甚至从海外不远万里奔赴延安。来到延安的这些革命青年都怀揣一个共同的梦想，拥有一个共同的目标——抗日救国。

他们认为国难当头，民族危亡，人民生活在水深火热之中。保家卫国、救人民于水火之中，使国家富强民主，哪怕为此献出生命也义不容辞。所以，从西安到延安蜿蜒起伏的700多里山路，就是革命青年用意志和鲜血铺成的一条信仰之路、一条理想之路。

二、爱国青年奔赴延安的总体情况

（一）人数

从抗日战争全面爆发到20世纪40年代初期，大约有40000余名爱国青年到达延安，其中南洋华侨青年就有600多人。

1943年12月，在中央书记处总结审干运动经验教训举行的工作会议上，任弼时同志有一个重要的发言，他说："抗战后到延安的知识分子总共四万余人。"任弼时所说的人数，应该是由各地八路军办事处上报、中央掌握的较为准确的统计数字。

据不完全统计，仅1938年5月至8月，各地八路军办事处等单位介绍赴延安的爱国青年就有2288人。1938年是爱国青年奔赴延安比较集中的一年，可见，爱国青年大规模地奔赴延安是在全面抗战爆发之后。1941年初皖南事变发生后，国民党对延安进行更加残酷的经济和军事封锁，连信件往来都要审查，爱国青年奔赴延安就逐渐停止了。

（二）身份

当年前往延安的40000多青年知识分子，家庭出身、教育背景、人生经历、奔赴延安的原因及心理等都各不相同。有的是归国华侨，有的来自农民家庭，有的来自知识分子家庭，甚至有的还出身于地主或官僚家庭。比如，黄华出身地主兼教职员的大家庭，周扬来自益阳名门望族，何其芳出身封建地主家庭，等等。这些青年知识分子，有不少人是燕京大学、北京大学、清华大学、武汉大学、四川大学、中国大学（中国大学是孙中山先生 1912 年创办的两所学校之一，另一所是黄埔军校）等当时中国一流大学的在读学生或毕业生。

（三）方式

1939 年初的《申报》曾登载过一篇《延安行脚》，开篇言道："上万的人已经到中国西北角的'新圣地'去了。其中有两三结伴的，二三十人的，以至于数百人的团体，一对知己，或则因目的地相同而偶然遇合的。从不同的省份，或远或近，有男有女，有中年汉子，有中年妇女，有剧人，画家，学者，兵士，哲学者，新闻记者，传教士，教徒，医生，工程师。他们有的乘车，有的徒步，坐牛车，或则骑驴，搭大汽车、卡车、小汽车，乘飞机。这是现代的最奇特的'参圣'旅行。他们的目的地都是延安，陕甘宁边区政府的行政首邑。"

这段话给当年奔赴延安的爱国青年做了一幅集体画像。从路线上来说，当年，有一部分爱国青年是先到达山西，再通过山西地下党组织介绍安排，渡过黄河到达延安。而绝大部分爱国青年都是先从海内外各地转战西安，再通过八路军西安办事处组织安排到延安。若找不到组织的就一路跟着人群向北步行到达延安。路上，他们不仅要克服路途遥远的考验，还要应对国民党设下的层层关卡。菲律宾的华侨知识青年，要先到香港八路军办事处，然后经越南进入昆明，再经西安前往延安，有的人走了半年才到达。

三、奔赴延安路上的英雄剪影

正是因为中国共产党高举抗日救国的大旗，延安成为当时中国最进步、最民主、最革命的地方，成为全国热血青年心驰神往的圣地。所以，一批又一批的仁人志士、爱国青年冲破重重障碍奔赴延安。

"朝圣"路上英雄事迹

（一）黄华——奔赴延安第一人

在成千上万的爱国青年奔赴延安，投身革命的洪流中，第一个奔赴延安的青年学生是谁呢？他叫黄华，1936年6月，作为《西行漫记》的作者埃德加·斯诺的翻译，陪同斯诺一起来到延安。

黄华，曾用名王汝梅，河北人。1936年，他还是燕京大学的一名学生。他自愿放弃了即将到来的毕业考试，放弃了即将到手的大学文凭，按照地下党组织安排，接受了当时燕京大学新闻系讲师埃德加·斯诺的邀请，离开北平，来到西安。在西京招待所和斯诺会合后，黄华陪同他到陕北采访红军。采访结束后，黄华留在陕北苏区。在延安，他更名黄华，成为革命队伍的一分子。因此，他成为抗日战争时期奔赴延安的青年知识分子第一人。

新中国成立后，黄华曾担任外交部部长和国务院副总理，成为新中国著名的外交家。

（二）白刃——爱国华侨到延安

白刃，原名王寄生。1935 年，白刃在菲律宾马尼拉华侨中学半工半读。1937 年，他听说中共中央和中国红军总部转移到延安，延安成为中国的红都，成为抗日救国青年向往的革命圣地，当时他的心中就萌生了一粒希望的种子——到延安去。在前往延安的过程中，白刃先后花费了半年时间，经历三次周折，辗转香港、上海、南京、厦门等多个地方，最后到达西安。然而，从西安到延安，没有汽车，徒步要走 700 多里，这是白刃进抗大前上的第一课。

从 1938 年下半年开始，国民党为了阻止革命爱国青年到延安，在西安到延安的路上分段设卡。白刃和随行的 30 多人路过耀县时，就被两个国民党哨兵抓到县政府。这里有段当时他和国民党兵的对话，显示了他到延安的坚定决心：

"你是共产党吧？"

"我是个爱祖国的华侨青年。"

"你不是共产党，为什么非要到延安去？"

"蒋委员长说过，抗战是地无分南北，人不分老幼，现在是国共合作，我愿意去延安，你们不应阻拦！"

"不是阻拦，是忠告！延安很苦，连小米饭都吃不饱，你们华侨吃不了那样的苦。"

"我回国抗战，决心为祖国抛头颅洒热血，死都不怕，还怕什么苦呢？"

"钦佩，钦佩！精神可嘉！不过我还是劝你到中央军好，像你这样的有志青年，到中央军，一定大有作为。附近就有中央军，你愿意去，我可以推荐。"

"谢谢！我已经当了八路军的学兵，不能半路开小差。"

由于当时国共摩擦才刚刚开始，国民党还不敢太反共，同时，他们也看到白刃铁了心要去延安，就放他们走了。

之后的几天比较顺利，他们从耀县往北，经铜川，过宜君，到黄陵，进洛川。一行人走了十几天，终于到达了日思夜想的革命圣地延安。

1939 年 6 月，抗大政治部主任张际春在《新中华报》上发表的《抗大为中华民族与中国人民奋斗的三周年》纪念文章中写道："有的母女相约、夫妻相约、姐妹相约、兄弟相约、亲友相约、师生相约，以至官长与部属相约，结队成群地来住抗大。"

（三）李琦——祖孙三代奔延安

李琦，河北人，1937 年 11 月到达延安。他们家祖孙三代七个人，都饮过延河的水，母亲子女六个人先后进入陕北公学学习。

先来说他们家第一代到延安的人，那就是他的外祖父，名叫李锡九。他早年追随孙中山革命，是最早的同盟会会员、国民党元老。1922 年，由李大钊介绍，加入中国共产党，成为秘密党员。从此，他几十年如一日，从事党的秘密工作，为革命奋斗了一生。1936 年，西安事变后，李锡九秘密访问了延安，见到了毛泽东。新中国成立后，他担任民革中央委员、中央人民政府委员，1952 年病逝于北京。1980 年，李锡九的中共党员身份才正式公之于世。

李琦是 1937 年 11 月经七贤庄八路军驻西安办事处到达延安。然而，就在他从西安奔赴延安的愿望即将实现时，他想起来一件心事：自己决心去延安的事，一直都瞒着母亲。当他鼓起勇气告诉母亲时，母亲李之光异乎寻常的平静，她说："我已料到了，你做得对！你高高兴兴地去吧！"

李琦到延安不久，就被分配到华北敌后根据地工作。不久，他的母亲李之光把她的3个女儿——李玎、李瑾和莎莱都送到了延安。又过了不久，已经43岁的李之光带着她最小的女儿——13岁的李群也来到了延安。

至此，李琦一家祖孙3代7人，先后都来到延安，他们一家人都为中国的革命事业作出了宝贵的贡献。这是一个多么令人羡慕，令人崇敬，值得后人学习的革命家庭啊！

四、爱国青年奔赴延安对当代青年的启示

在中国特色社会主义新时代，在实现中华民族伟大复兴中国梦的进程中，作为当代青年学生，我们应该向当年奔赴延安的爱国青年学习。

（一）不忘初心，心中有梦，做一个有信仰的人

中华民族伟大复兴需要的是一代又一代人的不懈努力，每一代青年都肩负着自身的历史使命。当年到延安去的爱国青年，怀揣一个共同的梦想，拥有一个共同的目标——抗日救国。正是因为有这样坚定的信仰，才不怕艰难险阻毅然到延安去。

今天，我们每一个青年都应该向他们学习，担负起民族复兴的大任，做一个有信仰的人。我们要树立建设中国特色社会主义的共同理想，把个人理想、抱负与民族的共同理想和人类

的崇高理想相结合，把个人志向与国家利益、社会需要相统一，把实现自身价值与服务祖国、服务人民相统一。

（二）脚踏实地，勇敢追梦，做一个踏实做事的人

爱国革命青年除了有崇高坚定的理想信念以外，还有为实现梦想而脚踏实地的行动。奔赴延安的路途，交通不便。尤其是从西安到延安这段路，到处是山岭起伏，沟壑纵横。这些爱国青年翻山越岭，风餐露宿，他们中很多人以前都是家里的千金小姐、少爷公子，比如温联琛，她是当时复旦大学教务长兼政治系主任温崇信的独生女。颜一烟甚至是清朝贵族的后裔，是名副其实的皇亲国戚。几天下来，有的人腰酸背痛，脚底打泡。但是，为了追求梦想，都坚持了下来。

作为当代青年，有梦想就要坚持，就要脚踏实地去行动。我们要像当年的爱国青年一样，脚踏实地，兢兢业业，为实现理想踏踏实实做一些事情。

（三）艰苦奋斗，成功圆梦，做一个艰苦奋斗的人

当年的爱国青年奔赴延安的道路，不是一帆风顺的，今天实现中华民族伟大复兴中国梦的道路也不会一帆风顺。

对当代青年来说，他们是国家的未来，民族的希望，正如习近平总书记在十九大报告中所说的：青年兴则国家兴，青年强则国家强。青年一代有理想、有本领、有担当，国家就有前途，民族就有希望。所以，只有把人生理想融入国家和民族的事业中，才能实现个人理想和人生价值。中华民族伟大复兴的中国梦终将在一代代青年的接力奋斗中变为现实。

今天，先辈们把接力棒交给了我们，我们要把个人梦想融

入到国家梦、民族梦中，把个人发展同国家民族的命运紧密联系起来。历史已经证明，千百万革命青年在波澜壮阔的民族独立和人民解放事业中作出了卓越贡献；历史也终将证明，今天的千百万知识青年继承了当年爱国青年的光荣传统，那么，中华民族伟大复兴终将在广大青年的接力奋斗中变为现实。

· 结 束 语 ·

革命青年奔赴延安的故事就讲到这里，希望大家也经受了一次精神上的洗礼，在今后的奋斗人生中心中有梦想，脚下有力量。

弘扬抗大精神　坚持坚定
正确的政治方向

1937年延安抗日军政大学校门

黄　倩

[引　言]

中国人民抗日军事政治大学创建于抗日战争全面爆发前夕，是中国共产党领导的最高军事学府，承担着为我党我军培养军政干部的重任。在当时极端艰难困苦的环境里，抗大在党的领导下却蓬勃发展，从延安到全国各抗日根据地，到处都有抗大的旗帜，都能听到抗大的歌声。让我们一起走进延安抗大旧址，了解抗大在抗日战争的烽火中"越抗越大"的光辉历史，感悟抗大精神的时代价值。

一、抗大的创建与发展

（一）抗大的办学背景

抗大的发展过程与历史成就

建军先建校，这个问题在红军成立时就受到重视。1927年11月，毛泽东在井冈山龙江书院就创办了井冈山教导队，后来又创办了红军大学，为红军输送了许多军政指挥人才。1935年10月，中央红军经过二万五千里长征落脚陕北。由于长征途中的大量消耗，红军干部严重缺乏。而且当时我们的干部很多都是工农出身，有着丰富的战斗经验，但是文化水平相对较低，如果能让这些干部进学校，把实践经验总结为理论知识，就可以造就更多的政治军事人才。同时，毛泽东认为办教育、培养人才是拯救民族危难的重要途径。1935年12月，中国共产党在陕北瓦窑堡召开政治局会议，会上，毛泽东很有气魄地指出，"必须大量地培养干部，并把成千上万的干部一批又一批地送到各方面去"。1936年5月8日，毛泽东在政治局扩大会议上作报告时又专门提出办红军学校的问题，他指出："要弄西北局面及全国大局面，没有大批干部是不行的，现在不解决这个问题，将来会犯罪。办一所红军大学来培养大批干部，以适应形势发展的需要。"会议经过讨论，同意毛泽东的主张，决定在瓦窑堡创办红军大学。于是在党中央和毛泽东的重视下，1936 年 6 月 1 日，承载着希望之光的瓦窑堡红军大学（简称"红大"）以我党历史上前所未有的军校办学阵容诞生了，教育委员会由毛泽东、周恩来、林彪、杨尚昆、罗瑞卿等组成，时年 29 岁的红一军团长林彪担任校长，罗瑞卿担任教育长。为了适应形势的发展，1937 年 1 月 19 日，"红大"在延安正式更名为"中国人民抗日军事政治大学"，简称"抗大"。

（二）抗大的发展过程及主要成就

抗大总校（包括其前身"红大"）从 1936 年 6 月至 1945 年 8 月，9 年多的时间里共举办了 8 期培训班，创办了 14 所分校，为我党培养了 10 多万名军政干部。伴随着中国抗日战争形势的发展，抗大共经历了四个发展阶段。

第一阶段：从 1936 年 6 月 1 日至 1937 年 8 月，即抗大（包括"红大"）办学的第一、二期，这个阶段是抗大办学的初期。1936 年 6 月 1 日，红军大学在瓦窑堡米粮山举行开学典礼，毛泽东发表重要讲话，他说："我们的红大就要继承着黄埔的精神，要完成黄埔未完成的任务，要争取中华民族的独立和解放。"毛泽东同志的讲话清晰地阐明了抗大办校的目的，为办好抗大指明了方向。但是没过多久，1936 年 6 月 21 日的午夜，由于国民党军队的偷袭，红军大学被迫从瓦窑堡转移到了保安。七七事变后，中华民族进入全面抗战阶段，抗大第二期学员立即毕业，全部奔赴抗战前线。

第二阶段：1937 年 8 月至 1938 年 12 月，即抗大办学的第三、四期，这是抗大办学的黄金时期。这时候由于日本帝国主义的长驱直入，民族危机加深，许许多多的热血青年对国民党消极抗日非常失望，因此对高举抗战大旗的共产党充满期待，延安就成了这些热血青年向往的革命圣地。他们背着行李，满怀希望，从国统区、沦陷区及世界各地奔赴延安。抗大第四期共有5500名学员，其中知识分子就有4000多人，由于大量知识分子的加入，抗大学员的文化层次大幅提升。在抗大，这些知识青年过着紧张而又充实的生活；毕业时身穿军装，充满战斗热情，投身到全国各个抗日根据地。

第三阶段：1939年1月至1942年2月，即抗大办学的第五、六、七期，这个阶段是深入敌后办学时期。由于日本帝国主义对边区的军事包围、国民党顽固派的封锁及20多万名进步青年的到来，延安城面临着物资、食物、水源等诸多困难。为了克服这些困难，同时也为国统区、沦陷区的进步青年进入抗大学习提供便利条件，1939年6月20日，中共中央决定挺进敌后办学，先后在山西武乡、黎城、河北邢台等地都办过学。从延安到各抗日根据地，到处都飘扬着抗大的旗帜，回荡着抗大的校歌。

第四阶段：1942年5月至1945年8月，即抗大办学的第八期，这是储备干部准备反攻时期。这期间党中央出于保存干部、准备反攻的考虑，1943年1月6日，中共中央电示抗大第八期学员返回陕北继续办学，一直到1945年8月学员陆续毕业，这期学员是在校时间最长的一期。抗日战争结束，抗大也完成了它的历史使命。根据中央军委命令，抗大总校部分教职员工于1946年2月到达吉林通化，筹建东北军政大学。各分校的教职员工大多先后奉命在华北、华东和中南等地筹建军政大学，继续担负起为人民军队培养干部的光荣任务。

江泽民同志在纪念抗大建校六十周年大会上的讲话中指出，抗大最主要的历史功绩，就是培养造就了大批德才兼备的军政干部。它为我党我军的发展壮大，为夺取抗日战争和全国解放战争的胜利，也为新中国成立后的社会主义革命和建设事业的发展，奠定了重要的组织基础。在我们党和军队的历史上，抗大写下了具有特殊意义的光辉篇章，它的伟大业绩将永远留存在党和人民的事业中。

二、抗大精神及其科学内涵

抗大精神是指中国共产党创办的中国人民抗日军事政治大学的教职员工、学员在抗日战争、解放战争、社会主义建设时期所展现的优良革命传统和作风，是中国共产党军事教育思想的结晶，是延安精神的重要组成部分。

抗大精神
及其时代价值

抗大精神的科学内涵集中体现在抗大的教育方针和校风、校训上。

（一）鲜明的教育方针是引领抗大发展的旗帜

抗大之所以成就辉煌，一个重要原因就是坚持了毛泽东亲自制定的办学方针，即"坚定正确的政治方向，艰苦朴素的工作作风，灵活机动的战略战术"。

首先，"坚定正确的政治方向"居于抗大教育方针的首位。作为"革命熔炉"的抗大，它的任务就在于教育人、改造人，转变学生的思想，使所有学员都能够在这所革命的大熔炉里得到锻炼、改造、成长。当时队伍中大部分是农民出身，还有的是投诚或俘虏过来的国民党军队中的旧式军官以及小资产阶级出身的知识分子。刚来到抗大时，他们身上都或多或少存在一些问题，比如政治意识和纪律观念不强等。在抗大接受马克思主义教育之后，大大坚定了他们的政治立场。据统计，抗大第四期学员中有4655名知识分子，入校时其中仅有530名党员，只占11%，到毕业时有3304名学员入了党，占到了71%。正如毛泽东所说："抗大像一块磨刀石，把那些小资产阶级意识——感情冲动，粗暴浮躁，没有耐心等等，磨它个精光，把自己变成一把雪亮的利刃，去创造新社会，去打倒日本帝国主义。"

其次，"艰苦朴素的工作作风"是抗大的显著特点。在国难深重、民族危亡的艰苦岁月里，抗大克服了难以想象的重重艰难险阻。"认字就在背包上，写字就在大地上，课堂就在大路上，桌子就在膝盖上"，这是抗大学习生活的真实写照。毛泽东在开学典礼上说："在这里，我们要教员，没有；要房子，没有；要教材，没有；要经费，没有；怎么办？就要我们艰苦奋斗。"没有教室就在院子里上课，没有桌椅就用砖头做凳子，双腿做课桌；没有教员，毛泽东、张闻天、博古等中央领导同志做兼职教员。后来他们将老乡们的牛棚、驴圈、马厩和一些破庙打扫出来当教室。抗大学生吃得也非常艰苦，主要是小米和洋芋，小米还需要学生自己到十里外的粮库去背，没有米袋子，他们就把床单或毯子卷成筒，两端用绳子扎紧，还有的用自己的裤子，扎上裤腿，就成了米袋。除了背粮，抗大学生还要上山砍柴，自己烧木炭用来取暖。

最后，"灵活机动的战略战术"，也是毛泽东军事思想的充分体现。抗大坚持一切从实际出发，实事求是，审时度势，即有什么武器打什么仗、对什么样的敌人打什么样的仗、什么时间地点打什么时间地点的仗。八路军的一些高级将领经常给学生做有关战略战术方面的军事报告。朱德、彭德怀、贺龙、徐向前、滕代远、罗荣桓、萧劲光、萧克、程子华等军事首长，结合自己的实际斗争经验给学生教授军事指挥理论。

抗大教育方针的三句话中"坚定正确的政治方向"是抗大精神的灵魂，为抗大发展指明了方向；"艰苦朴素的工作作风"是抗大精神的特征，帮助抗大不断克服来自敌人和自身的各种困难；"灵活机动的战略战术"是抗大精神的本质，尤其是在敌强我弱的劣势下，只有充分发挥灵活机动的战略战术才能取得最终的胜利。这三个方面相辅相成，构成一个有机整体，是抗大取得伟大成就的根本原因，是抗大精神的集中体现。

（二）八字校训形成闻名天下的抗大校风

毛泽东亲手制定的"团结、紧张、严肃、活泼"的抗大校训，充分体现了抗大的精神风貌，为抗大培育良好的革命校风指明了方向。

抗大虽然学习条件艰苦，大家却像一个团结友爱的大家庭一样，到处洋溢着朝气蓬勃的气氛，充满着革命乐观主义精神。同时，抗大也有着非常严格的政治和军事纪律，无论职务多高、资历多老，只要进入抗大就成了学生，都要严格执行学校的各项规章制度，养成严格遵守各种制度的习惯。

抗大对于个别违法乱纪分子的处理也十分严肃，黄克功就是非常典型的例子。抗大第三期第六大队队长黄克功，参加过井冈山斗争和二万五千里长征，为革命立过大功。但因与女学员谈恋爱，逼婚不成竟不顾一切开枪把女学员打死。根据党和红军的纪律，黄克功被开除党籍并处以极刑。黄克功被依法处决后，群众异口同声称赞，共产党、八路军不违罪，不枉法，公正无私。正是抗大这种团结乐观的精神和纪律严明的氛围，使其成为当时广大热血青年心中向往的神圣之地，也被誉为吸引革命青年的磁铁石，包括张学良的弟弟张学思，傅作义的弟弟傅作良，杨虎城的儿子杨拯民，冯玉祥的侄子冯文华等都曾去学习过。

（三）求真务实的学风是抗大取得伟大成就的关键

抗大的学员都有一种求知上进的紧迫感，渴求学习的愿望十分迫切，学习热情也很高涨。白天听课、看书和校对、整理笔记，晚上摸黑讨论。

教职员的热情也十分高涨，每一位教员都认认真真地备课、讲课，力求让每一位学员都能听得懂、学得进，课程内容都是实实在在的热点、难点问题。缺少教员，中央领导同志就亲自备课，兼职做教员。毛泽东虽日理万机，仍然坚持给抗大讲课，编入《毛泽东选集》的《矛盾论》《实践论》《论持久战》等著作，就是当年在抗大的讲义基础上整理的。教职员们还创造了"启发式""研究式""实验式"等多种教学方式，提高教学效果，将抗大学员培养成为名副其实的"文武双全"的干部。

在正确的教育方针和校训指引下，抗大形成了崭新的校风和学风，是抗大精神的集中表现。

三、抗大精神的时代价值

抗大精神在今天是否已经过时了呢？肯定地说没有过时，抗大具有很强的时代性。抗大精神集中体现了马克思主义的世界观、方法论，体现了中国共产党的性质和宗旨，在新时代仍然具有重要的时代价值。今天应该从以下三个方面学习抗大精神。

（一）坚定理想信念，弘扬爱国主义精神

抗大精神的核心之一就是坚定正确的政治方向，抗大以"抗日"两个字嵌入校名，使其成为中国历史上最早最具民族气节的高等学府。抗大这一英雄的校名，就是中国共产党人在抗日烽火中高高擎起的一面爱国主义的光辉旗帜。一批批具有时代觉悟、具有民族责任感的人，以自己的生命为代价汇聚在这面抗日救国的旗帜下，为实现民族的独立和人民的解放拼死抗争，至死不渝。当时许多先进青年爱国知识分子，甚至是"富二代""官二代"备受鼓舞，做出"只要还有一口气，爬也爬到延安城"的壮举。抗大这种爱国主义精神永远值得我们学习和传承。

（二）艰苦创业，弘扬革命乐观主义精神

抗大以其条件艰苦而著称，抗大创业的艰辛远远超出我们的想象，教室和宿舍基本都是石洞或者窑洞。在保安，毛泽东曾风趣地说："你们是过着石器时代的生活，学习着当代最先进的科学——马克思列宁主义。你们是'元始天尊'的弟子，在洞中修炼。"对此，埃德加·斯诺在《西行漫记》中也有所

描述，称其为全世界绝无仅有的一家"窑洞大学"。更令人难以想象的是，这些窑洞大部分是学员们自己挖的。正是抗大这种艰苦奋斗的工作作风，保证了革命事业的成功。

（三）不懈奋斗，弘扬为民族为国家的奉献精神

1937年7月抗大第二期学员毕业时，毛泽东在毕业证上题词，要求毕业学员"勇敢、坚定、沉着，向斗争中学习，为民族解放事业，随时准备牺牲自己的一切"。第二年4月，在抗大第四期第三大队开学典礼上，毛泽东在演讲中又提出了著名的"三个牺牲"，即"第一个决心是要牺牲升官，第二个决心是要牺牲发财，第三更要下一个牺牲自己生命的最后的决心"。抗大的这种英勇牺牲的精神在一次次的战斗中表现得淋漓尽致，有的同志两条腿被打断仍坚持战斗，直到流尽最后一滴血还在顽强抗敌；有的同志拉响最后一颗手榴弹与敌人同归于尽。在抗日战争中，抗大英勇牺牲的烈士数以千计，他们将永留青史、永垂不朽，将永远激励着我们前进。

抗大精神就是中国共产党人理想信念的浓缩和体现，教育和鼓舞了一代又一代中华儿女。当前，以习近平同志为核心的党中央正带领全党、全军、全国各族人民为推进中国特色社会主义伟大事业而奋斗。作为与新时代同向同行的青年人，更要继承和发扬抗大的优良传统和作风，用抗大精神激励自己，艰苦奋斗，开拓进取，为实现中华民族伟大复兴作出应有的贡献。

王若飞："一切为人民打算"的战斗人生

张 莹

王若飞同志之墓

[引 言]

延安四八烈士陵园是中国共产党建立最早的一座高规格的烈士陵园，是全国著名的烈士纪念地。

习近平总书记说："一个有希望的民族不能没有

英雄，一个有前途的国家不能没有先锋。包括抗战英雄在内的一切民族英雄，都是中华民族的脊梁，他们的事迹和精神都是激励我们前行的强大力量。"习近平总书记号召我们铭记历史，铭记一切为中华民族和中国人民作出贡献的英雄们，崇尚英雄，捍卫英雄，学习英雄，关爱英雄。铭记英雄的不朽功勋，传承英雄的光荣事业，既是我们对历史的敬畏，也是鼓舞我们不断砥砺奋进的动力。让我们一起走进四八烈士陵园，缅怀烈士王若飞。

王若飞：一切为人民打算

王若飞（1896—1946），原名王运生，字继仁，在上学读书时因为喜欢《木兰辞》中"万里赴戎机，关山度若飞"的豪情壮志，便给自己改名"若飞"，字王度。他是一位久经磨炼的卓越政治家，也是四八烈士中的一位革命英雄，掩埋在四八烈士陵园的中轴线上。王若飞波澜壮阔的一生，以生命和行动践行了和周恩来分别时谈到的一句话——"一切要为人民打算"，这句话是他为之战斗一生的革命理想，也成了他对党对人民的最后遗言。

一、从热血青年成长为马克思主义者

少年时期的王若飞聪明、勤奋、好学，在贵阳达德学校受舅父黄齐生和一些思想进步教员的影响，阅读学习了大量的进步书籍和文学名著，不仅增长了知识，开拓了视野，还树立了坚如磐石的革命理想，并且立志要将自己的全部献给革命事业，为劳苦大众翻身、为民族解放勇敢战斗。

辛亥革命后，1915 年，袁世凯推翻共和复辟帝制的倒行逆施遭到全国人民的强烈反对，以孙中山为首的中华革命党在全国各地兴兵讨袁。19 岁的王若飞跟随舅父黄齐生奔赴讨伐袁世凯的战场，从此便正式走上革命道路。护国运动结束后，王若飞回到达德学校任小学教员，一边教书，一边继续发奋学习。当时社会依旧动荡不安，北洋军阀的反动统治让人痛苦而郁闷，但王若飞认为中国不会如此继续下去。他怀着寻求救国救民真理的远大抱负和理想，以优异的成绩考取了官费留学日本的资格。1918 年初，王若飞离开家乡贵阳，东渡日本求学。

为了领官费，王若飞挂名为明治大学学生，实际完全自己看书，未上过一次讲堂。其间，恰逢俄国十月革命胜利后，日本报刊上刊载有大量介绍十月革命的文章，还有翻译出版的大量马克思主义著作，王若飞如饥似渴地收集各种关于社会主义的书刊刻苦研读，开始接触马克思主义思想。正如他说的："这些书刊和文章，就像一把钥匙，打开了我思想之门，使我豁然开朗，从此开始追求一条能使中国人民摆脱帝国主义与封建主义压迫而获得解放的道路。"一年后，也就是 1919 年 5 月 4 日，国内爆发了五四运动，消息传到日本，王若飞被北京学生爱国行动所感动，立即响应，和留日的中国学生一起在东京示威游行，发表爱国演讲，愤怒声讨日本帝国主义和中国军阀的罪恶。5 月 7 日，在中国的国耻日这天，日本政府又举行了盛大的庆典，日本政府的强盗行径极大侮辱了中国人民，留日中国学生极为愤慨。王若飞等贵州籍学生开会商议后，认为日本是个强盗国家，不能再留在日本忍受屈辱，同时面对国内如火如荼的爱国热潮和李大钊"试看将来的环球，必是赤旗的世界"的鼓舞下，毅然决定弃学回国。当时五四运动已发展到全国，王若飞归国后立即加入反帝反封建的革命队伍。

1919年10月，蔡元培、吴玉章、李石曾等发起组织青年学生赴法国勤工俭学运动，王若飞为寻求救国图强、改造社会的知识和真理，奔赴法国勤工俭学。三年多的勤工俭学生涯，王若飞严格要求自己，勤奋读书，勇于吃苦耐劳，在短时间内锻炼了革命意志。他边补习法文、学习工艺，边到铁厂、橡胶鞋厂、木材厂做工，在极端艰难贫困的生活中仍然乐观向上。在法期间，王若飞结识了蔡和森并加入工学世界社，在蔡和森等人的影响下，开始系统地阅读了《共产党宣言》《社会主义从空想到科学的发展》《国家与革命》《无产阶级革命与叛徒考茨基》等著作，通过阅读与思考，廓清了原来的错误思想，从而彻底转变为信仰和宣传马克思主义。1921年，王若飞参加由旅法勤工俭学学生掀起的争取"生存权""求学权"的"二二八运动""拒款斗争"和进占里昂大学三大斗争，并在组织领导斗争中起到了极其重要的作用。三大斗争促成了先进分子的觉醒，同时也锻炼了王若飞的组织斗争能力。这年底，王若飞同周恩来、赵世炎等共同组织成立"旅欧中国少年共产党"，从此开始和周恩来并肩作战，共同生活、学习，结下深厚的革命友情。王若飞由阮爱国（胡志明）介绍加入法国共产党，在得知中国共产党已经成立的消息后，即迫不及待地向中共中央写信申请加入。张申府、廖焕星从国内带来中央的复信，承认王若飞等加入中国共产党。至此，王若飞这个热血青年成长为坚定的马克思主义者。

二、监狱中的革命乐观主义精神

1923 年，周恩来选派旅欧勤工俭学学生中的优秀革命青年去苏联深造，王若飞以一名中国共产党党员的身份首批被派往莫斯科东方大学与列宁学院学习。1925 年春天，因革命形势需要，王若飞奉命从苏联回国，为壮大革命队伍，发展党的革命事业作出了卓越贡献。1927 年 5 月，王若飞在武汉举行的中国共产党第五次全国代表大会上当选为中共中央委员。1928 年，出席莫斯科召开的中国共产党第六次全国代表大会，会后，继续留在列宁学院深造，并担任中共驻共产国际代表，这时的王若飞已经是我党一名杰出的高级领导干部了。1931 年 7 月，王若飞受上级派遣，以中共西北特别委员会特派员的身份回国，指导陕、甘、宁、绥一带的农民解放斗争和民族革命斗争。王若飞给黑暗中的内蒙古人民带来了希望，也给内蒙古各族人民留下了深刻的印象。1931 年 10 月下旬，依照计划，王若飞准备从包头前往宁夏，就在动身的头一天晚上，因叛徒出卖，在包头泰安客栈不幸被当地警察逮捕，后被押解到归绥（呼和浩特）第一模范监狱。在长达五年七个月的监狱生活中，王若飞始终秉持着革命乐观主义精神，坚信中国革命一定能胜利，随时准备为中国人民的解放贡献一切。

（一）被捕时大义凛然

敌人抓捕王若飞时，要他把衣服脱下来检查，王若飞趁解衣时飞快地将藏于里裤内的一份报告塞进嘴里，拼命往肚里吞，结果被敌人发现。敌人立即上去用力卡住他的脖子，不让他吞下去，王若飞使劲用牙齿咀嚼。他的脖子都被卡破了，嘴巴鲜血淋漓，但纸大半已经咽下去了，留在嘴里的，也被嚼得稀烂，最终敌人得到的只是一团带血的纸浆。王若飞被捕后，先被关进了包头警察局的一间暗室里。敌人为了从他口中得到地下党的情况，无所不用其极。但是，无论是严刑拷打，还是威逼利诱，王若飞始终拒绝回答，视死如归。一天夜里，敌人为了逼他招供，用枪口对准他，杀气腾腾地说："现在你只要说一个'招'字，马上开庭后释放你，你说个'不'字，就马上送你上西天！"王若飞毅然答道："'招'字早就从我的字典里抠掉了！"于是，几个全副武装的警察把王若飞押到包头北面的野地里，用八条枪口对准他说："这是你最后的时刻，人生在世，就这样完了吗？再给你几分钟的时间，好好考虑一下。"王若飞断然回答："用不着考虑了，开枪吧。"等了十多分钟没有开枪，带队的特务要求王若飞再多想想，王若飞厉声地呵斥特务："开枪吧，混蛋们。"

（二）法庭上口若悬河

敌人见武力不奏效，于是开始审判王若飞。包头市警察局局长马秉仁亲自审讯："你来蒙古干什么？"王若飞斩钉截铁地回答："来推翻你们，打跑你们！""你们的人在哪里？""大青山下，蒙古草原，长城内外，到处都有。""你把他们给我供出来！""做梦！""你不招供就天天审你，还给你坐老虎凳！""到时候，咱们看是谁审判谁吧！"王若飞怒视着马秉仁，铿锵有力地说："死我都不怕，还怕你的老虎凳？！"后来王若飞被送到归绥（今呼和浩特）后，关押在第一模范监狱，由绥远省高等法院直接承审。在法庭上，王若飞口若悬河，精辟独特的驳斥，尖锐辛辣的讥讽，让法官如坐针毡。他把法庭当作了讲坛,滔滔不绝宣传共产党必然胜利,反动派必然灭亡的真理,并一条条列举国民党的罪状,结果把敌人对他的审判变成了他对敌人的审判,吓得敌人一次审讯后,往往很长时间不再审讯。王若飞这种压倒一切的气势,搞得敌人无可奈何。

(三)狱中的顽强斗争

监狱的生存环境非常恶劣,但王若飞把监狱当成了阵地。他每天在阴暗潮湿的黑牢里戴着沉重的铁镣,坚持做他自己发明的室内体操,锻炼身体;他还帮助难友们学文化,领导难友们开展多种形式的斗争。当面对有些难友不理解时,王若飞解释道,"我生为革命真理生,死为革命真理死,我的死和爱护身体,都是为了一件事,那就是坚持革命真理","我活着,不是为了敌人而活,而是为了我们的事业活着,不是等着被敌人杀掉,而是要想着杀敌人"!正是他这种博大的共产党人情怀、不屈的斗争勇气,极大地鼓舞了难友。他到哪个监狱,哪个监狱的斗争就在他的影响下开展了起来。就连国民党的看守也受了他的影响,转而支持他的斗争,从而迫使国民党当局不得不过一段时间就换一茬看守。近五年的时间,王若飞关押在归绥监狱也让绥远当局提心吊胆,1936 年 7 月,王若飞被秘密押解到太原陆军监狱。王若飞在太原的狱中也时刻没有停止工作和斗争,成立学习小组,培养、发展党员,领导绝食斗争。他的斗争事迹很快从狱内传到了狱外,震动了整个太原城,引起了各界人民的称颂,广大人民通过王若飞的言行,更加认识了共产党的崇高和伟大,就连国民党高级将领也不得不佩服他,对他的胆略、才干、人格非常钦佩。

在归绥监狱关押期间，乃至后来被关押到太原监狱，傅作义和阎锡山都试图把他放出来，为他们"做事"，结果都遭到了王若飞的严词拒绝。傅作义曾找王若飞谈话表示，只要王若飞答应留在绥远"做事"，无条件释放，并给予发挥才能的机会。结果王若飞一口回绝，并且还要求傅作义按照共产党的救国救民主张办事，转变军阀思想，开展群众运动，反蒋抗日，搞得傅作义下不来台。后来关押到太原监狱，阎锡山派心腹梁化之与王若飞"谈话"，意思是只要王若飞答应与他们"合作"，出狱后留在山西"做事"，马上释放。王若飞义正词严地说："我是囚犯，你们是统治阶级，我们的地位根本不平等，有什么好谈的。""对于一个共产党员，只能服从我们党的组织决定，不能拿个人的生死利害和你们进行交易。"结果阎锡山也碰了一个硬钉子。狱中的王若飞只抱定唯一的信念，就是誓死为共产主义而献身。他的舅父黄齐生曾不远万里前来狱中探望他，希望疏通关系搭救他出来，他却对舅父讲："为了我的信仰和我们党的革命事业，我早已将一个人的生死置之度外了。如果有不幸，外甥求舅父把我埋在阴山顶上，以表示一个共产主义者的崇高而圣洁的节操！"黄齐生只好含泪告别，为他买了一块墓地。五年七个月的牢狱生涯，折磨了王若飞的躯体，却丝毫无法消磨他的意志。在狱中，他用苇席棍，吐着唾沫，蘸着墨汁，写下了30多万字的文章，其中一封"劝傅作义将军抗日书"长达万言，将一个共产主义者的热忱与自信展现得淋漓尽致。傅作义给干部讲话时也常说："你们看共产党的王若飞，那才是个人才哩！"其实傅作义感慨的是为什么人才都出在了共产党那里了，他感佩的不仅是王若飞的才华，更是革命理想给予这位共产党人强大的精神力量。

三、"我要回延安"

党中央为了拯救无限忠于党忠于人民的王若飞同志，派薄一波多次与阎锡山进行交涉，1937 年春天，阎锡山终于答应释放王若飞。出狱后，由于统一战线工作的需要，组织安排王若飞暂时居住在太原。其实，这个时候王若飞最想去的地方就是延安。阎锡山问王若飞："为什么要着急回延安去？"王若飞坚定地说："我要回延安，接受党中央分配给我的工作。"不久，七七事变爆发，中共中央北方局进驻太原，刘少奇来到太原指示王若飞立刻回延安。1937 年 8 月，王若飞和妻子李培之一行离开太原，来到他盼望已久的延安。到延安的第二天，毛泽东接见了他，进行了长时间的谈话。王若飞非常激动，对妻子李培之说："我从来没有今天这样快活，这次我们真的回到'家'了。"在延安，王若飞积极迎接党和人民交付的重任，先后担任了陕甘宁边区宣传部部长、统战部部长、八路军副参谋长、中共中央秘书长等职务。他积极投身工作，尽心竭力，兢兢业业，不知疲倦，为我们党和军队作出了贡献。毛泽东称赞王若飞，"懂得马克思主义，有政治远见，富于牺牲精神，在困难中不动摇，忠心耿耿为民族、为党而工作"。

1945 年 8 月，抗日战争胜利后，王若飞和周恩来一起陪同毛泽东赴重庆同国民党当局谈判。这位经过铁窗烈火考验，死都不怕的共产党员，可以说是无所畏惧，"他以坚定的立场、灵活的策略，雄辩的口才、出色的文笔，在谈判中发挥了重要的作用"。尤其是在谈判桌上，经常拍着桌子跟国民党代表激烈争论，让国民党代表感到难以对付，国民党称他"王铁嘴"。1946 年 4 月 8 日，因要向党中央汇报请示工作，王若飞从重庆返回延安。同机回延安的还有秦邦宪、叶挺、邓发、黄齐生等 13 人。途中，因气候变化，飞机在山雾中迷失方向，在晋西北兴县东南 40 公里的黑茶山撞山坠毁。毛泽东、朱德、刘少奇、任弼时等人来到延安东关机场迎接战友，等来的却是举国震惊的噩耗，飞机上的所有人员全部遇难牺牲，他们就这样离开了深爱的土地和人民。这次空难事故史称"四八"空难，延安和重庆两地为"四八"烈士举行了隆重的追悼会，毛泽东亲笔为"四八"烈士题词："为人民而死，虽死犹荣"。

四、学习和发扬王若飞的革命精神

王若飞一生坚信马克思列宁主义，从 1922 年入党到 1946 年遇难，20 多年的时间，他为中华民族的解放事业贡献了一切。他对党忠诚，是人民心中的英雄，是永久的丰碑，身上闪耀着中国共产党人的光辉。坚定的理想信念，坚强的革命意志，坚贞的革命气节，诠释了他"一切要为人民打算"的战斗誓言。习近平总书记讲："理想之光不灭，信念之光不灭。我们一定要铭记烈士们的遗愿，永志不忘他们为之流血牺牲的伟大理想。"因此，青年学生们要通过学习王若飞的革命斗争精神，树立崇高的革命理想，从而激发为民族复兴而奋发学习的责任感和使命感。

（一）树立崇高理想信念

理想因其远大而为理想，信念因其执着而为信念。一个国家，一个民族，要同心同德迈向前进，必须有共同的理想信念作支撑，"没有理想信念，就会导致精神上缺'钙'"。所以，具有崇高的理想，坚定的信念，才能坚定不移地为实现既定目标而奋斗。透过历史我们可以了解到王若飞在革命战争年代，无论身处何地，无论面对怎样的挫折困难，都能始终坚定理想信念。也正是有坚定的理想信念，才练就了"金刚不坏之身"，才能永远保持对人民的赤子之心。学习和弘扬王若飞的革命精神，就是要青年学生们树立崇高的理想信念，扣好人生的第一粒扣子，明确人生奋斗的价值，立志做有理想、敢担当、能吃苦、肯奋斗的新时代好青年。

（二）修炼抵御诱惑的定力

诱惑是我们每个人都可能面临的问题，但是诱惑并不是挡不住，只是因人而异，有人挡得住，有人抵御不了。王若飞面对敌人的威逼利诱、劝说劝降，始终都没有改变自己的意志。学习和弘扬王若飞的革命精神，就是要青年学生修炼抵御诱惑的定力，可以多读点好书，因为好书是催人积极向上的精神食粮；多做点好事，因为集小善为大德，净化人的心灵；多一点责任感，因为责任感强才能更好地迎接挑战，抵御各种诱惑，克服各种困难。只要同学们长期坚持这样做，浩然正气就会逐渐养成，不论遇到什么样的诱惑，都能看淡名利不迷失，守住清廉品自高。

（三）不忘初心方得始终

"靡不有初，鲜克有终。"初心不能违，只有守得初心，才能方得始终。王若飞把共产主义确定为远大理想，在狱中被严刑拷打但始终没有低头，并且英勇反抗斗争，归根到底是因为他有远大理想和崇高追求。学习和弘扬王若飞的革命精神，就是要青年学生们牢记历史，不忘初心。今天祖国的蓝图已绘就，奋进正当时。在奋进的征程中，青年们都不能忘记我们党走过的路，不忘曾经是为什么出发的。

· 结 束 语 ·

时代变迁，沧海横流，王若飞是众多革命烈士中的杰出代表，他们的功绩，与日月齐辉，与天地同在。来到陵园，泪水和鲜花是对他们最好的纪念，但我坚信，当大家参观完四八烈士陵园，聆听了王若飞的故事后更能理解，继承和弘扬爱国主义精神，学习革命先辈们对革命理想高于天的伟大情怀，坚定共产主义的伟大信仰，坚持"一切要为人民打算"，为烈士开创的伟大事业奋斗终身，才是对他们最好和最高的纪念。

感天动地父子情

王锈蓉

毛泽东与毛岸英在王家坪的合影

[引 言]

　　延安王家坪革命旧址小院中，有一张很普通的照片，这张照片是毛泽东与长子毛岸英在延安时期留下的一张合影照。这张照片，为什么多少年来总能够吸引众多游客朋友们驻足凝视？照片背后又凝结着怎样一段父子深情呢？

　　毛泽东作为一代伟人，他是一位伟大的思想家、政治家、军事家、革命家，但同时也是一位普通的父亲，他与长子毛岸英之间的父子深情更能使我们感受到老一辈无产阶级革命家的牺牲和付出。

一、艰难困苦，玉汝于成

艰难困苦，
玉汝于成

　　1922年10月24日，毛泽东与杨开慧在长沙清水塘迎来了他们的第一个孩子，取名"岸英"，意为湘江边苍劲伟岸的大树。此后他们陆续又为岸英添了两个弟弟。毛泽东虽然工作繁忙，但是一有空总是要逗逗襁褓里的岸龙，抱岸青、搂岸英讲孙猴子的故事。秋收起义前夕，因为革命工作需要，毛泽东依依不舍地离开了妻儿，随即上了井冈山。

　　1930年11月14日，杨开慧被湖南军阀何键逮捕并枪杀。杨开慧牺牲之后，毛岸英被保释出狱，他和两个弟弟被外祖母、舅妈送到上海。兄弟三人被寄养在大同幼稚园。当时，大同幼稚园收养的小孩，大部分是烈士遗孤或者是与共产党有关系的子女，园中所需经费由地下党组织供给。进入大同幼稚园不久，毛岸龙就开始生病，得了急性痢疾一直高烧不退，在求医过程中毛岸英和毛岸青失去了与弟弟毛岸龙的联系。后来由于顾顺章叛变，上海地下党组织遭到了重创，中央机关立即决定转移，工作人员紧急疏散，大同幼稚园被迫解散了。毛岸英和毛岸青兄弟俩离开大同幼稚园，被红色牧师董健吾送到了其前妻家，后因种种原因，十岁的毛岸英带着九岁的弟弟在偌大的上海开始了艰辛的流浪生活。在上海流浪期间，为了生存，兄弟两人曾经当过学徒、卖过报纸、推过人力车、捡过破烂，最困难的时候甚至讨过饭。而且，毛岸青被打成了重伤，由于没有得到及时医治，落下了终身的残疾。

1936 年，毛岸英和毛岸青的生活终于出现了转机，这个转机源于他们的父亲领导中国工农红军长征的胜利，也源于当时国内政治气候的变化。在党组织几经寻找之下，毛岸英和毛岸青终于在一座破庙中的一群流浪儿中被找到，两个孩子当时衣衫褴褛、瘦得皮包骨头。在党组织的精心安排之下，他们被送到苏联莫斯科，进入国际儿童院。从此，兄弟二人才算真正开始了读书学习的生活。

1937 年 11 月，岸英终于恢复了与父亲的书信联系。第一次给父亲写信时，随信寄了一张和弟弟的合影，毛泽东视若珍宝，把它放在枕边，时不时拿出来看看。此时毛泽东正在延安，繁忙的工作之余，惦念远在莫斯科的儿子，一封封家书架起了父子之间的心桥。在往来的 48 封书信中，他们谈时事、谈政治、谈读书。对日思夜想的儿子，毛泽东在信中有鼓励，也不乏批评建议，他建议岸英，少谈些政治，潜心学习自然科学，社会科学辅之。毛泽东随信先后几次列出书单给岸英，这些书籍涉及面非常广，从史地教科书到哲学著作，从中国古典与历史小说到人物传记。毛泽东希望岸英更多地了解中国的历史与文化，把马克思主义的基本原理、现代科技知识与中国国情相结合，将来在中国革命与建设事业中，贡献自己的力量。这种教育影响着毛岸英，培养了他爱读书、爱学习、爱思考的好习惯，除了注重孩子们的读书学习情况，作为父亲的毛泽东更注重的是儿子们品格的养成。

1945 年，抗日战争胜利之后，为了实现国内和平，国共双方在重庆进行了长达一个多月的谈判，毛泽东由于在谈判期间超负荷工作，回到延安后积劳成疾，整夜不能成眠，并且虚汗不止，身体极度虚弱，健康状况非常不好。而当时延安的医疗条件十分有限，看遍了所有医生，想遍了所有办法，都无济于事。无奈之下，中共向苏联发去电报，在电文中详细地描述了毛泽东的病情，希望苏联医疗专家能提供意见和建议，给予治疗。不久之后，苏联回电说，从电文中难以确认毛泽东的病情，如果条件允许可以派医疗专家来延安亲自给毛泽东治疗。当时党的领导人朱德、周恩来等人商议说，鉴于毛主席这种健康状况，让毛岸英也回来吧。毛岸英就是在这样的背景下踏上了回国之路。

1946 年 1 月，已经是苏联红军中尉的毛岸英随两名苏联医生乘飞机从冰天雪地的莫斯科回到了延安。当毛泽东得知儿子将要归来的消息时，当天早晨他早早地起床，拖着孱弱的身躯，亲自前往延安东关机场接机。当时延安东关机场条件十分简陋，只有一条简单的飞机跑道，连候机厅都没有。毛泽东就在冰天雪地中站着等着，不一会儿，由于身体十分虚弱，出的虚汗将衣领都浸湿了，再加上延安冬天零下 20 多度的气温，使得浸湿的衣领子上结了一层薄薄的冰碴子。当毛岸英从飞机上走下来的时候，毛泽东快步地迎了上去，抱住儿子许久，说出一句话"你长高了"。儿子的归来也成了医治毛泽东病情最佳的灵丹妙药。从 1927 年毛泽东与五岁的儿子分别，到 1946 年再次与儿子重逢，时间已经过去了整整 19 年，分别时还是孩子的岸英已然长成了帅气的小伙子。身为父亲，毛泽东的感受是复杂的，既高兴又愧疚，高兴的是看到了儿子的成长和变化，愧疚的是对儿子的陪伴与关心太少了。

二、送子务农，劳动锻炼

毛岸英的个头比毛泽东要高，有着开慧妈妈的秀气，也有着爸爸的英气。刚回国的岸英经常穿着苏军呢子大衣、马靴，能说一口流利的俄语，这是很多人对于岸英的最初印象。看到如此洋气的儿子其实毛泽东内心是不满意的，因为在外国待的时间太久，岸英已经对中国的一切都比较陌生了。毛泽东不断地教导毛岸英不要显摆，要多向别人学习。随着与儿子接触次数的增多，他渐渐发现，儿子身上留下了苏联的生活烙印，比如他喜欢用手势表达自己的思想、喜欢称呼别人的名字。而这些，对于父亲来说是没有办法接受的，于是他下定决心，要对这个"洋"儿子进行中国式的改造，让他尽快脱下洋装，融入当时的社会生活。就在毛泽东旧居门前的小石桌前，这对父子曾进行了一次深入肺腑的交谈，毛泽东对毛岸英说："岸英呀，你在苏联上的是洋学堂、吃的是面包、喝的是牛奶，但是咱们中国还有个学堂叫劳动大学，你应该到那里去，接受锻炼去。"毛岸英对父亲的话是心领神会。就这样，毛泽东将与自己分别了19年的儿子介绍给了农民朋友吴满有。几天之后，岸英按照父亲的吩咐，脱下了自己喜爱的呢子制服，换上了父亲补丁摞补丁的灰布棉衣，背着半袋小米的学费，步行十几公里来到了延安吴家枣园，开始了长达一个农时的学农锻炼。秋天是收获的季节，毛岸英背着自己种的小米回到延安，毛泽东打量着儿子白羊肚手巾三道道蓝，一身黄土两腿泥的农民形象，他高兴极了，摸着儿子打满血泡的手，满意地说，"这就是你劳动大学的毕业证书"。之后毛岸英又奔赴山西、河北等地参加了全国轰轰烈烈的土改运动。

三、抗美援朝，痛失爱子

抗美援朝，
痛失爱子

1950年夏天，美帝国主义对朝鲜发动了侵略战争，战火烧到中朝边界，新中国面临唇亡齿寒之忧，党中央、毛泽东经过反复考虑，决定抗美援朝，保家卫国。毛岸英主动请缨要到朝鲜参加战斗，中共高层领导以及毛泽东身边的工作人员都极力反对，因为他们知道毛泽东一家已经有五位亲人在革命斗争中牺牲了，说什么也不能再让岸英去战场上冒险了。毛泽东却非常支持岸英，做通了彭德怀司令的工作。岸英随彭德怀去了朝鲜，并担任文秘及翻译工作，当时在志愿军司令总部，很少有人知道，这个高大帅气懂洋文的小伙子，竟然是共和国领袖毛泽东的儿子。

1950年11月24日下午，朝鲜大榆洞志愿军司令部遭遇美军凝固汽油弹野蛮轰炸，刚刚踏上朝鲜战场34天的毛岸英和另外一名叫高瑞欣的战士来不及撤离志愿军总部办公室，被美军战机投下的燃烧弹击中，年仅28岁的毛岸英壮烈牺牲。彭德怀亲拟电报第一时间将噩耗传回北京。收到电报后工作人员都震惊了，考虑到毛泽东身体状况不好，都不敢将实情告诉主席。叶子龙同志曾回忆，当时收到电报后曾与周恩来等中央领导商议，决定瞒着不说。一直瞒了一个多月后，毛泽东经常问起毛岸英的情况，而且毛泽东身体状况好转了，家人都陪在身边，才决定把这个消息委婉地告诉他。据当时毛泽东身边的卫士组长李家骥回忆说，主席听到这个消息很突然，拿起烟，又把烟放下，过一会儿他又拿起烟来点，本来火柴盒就在他面前，他却又在口袋里面找。李银桥说，"主席，火柴盒就在您面前"，并过去拿来递给他。李银桥看到毛泽东眼眶湿润，但是不能明显看出他在哭。

在别人看来毛泽东是位伟人，拯救了那么多孩子和家庭，让多少孩子都免于死亡，而如今自己的儿子竟保不住，可想而知他内心的悲痛。毛泽东曾经与他的老朋友周世钊谈起毛岸英牺牲的时候，周世钊曾直接问他："你为什么要把儿子送到前线？留在身边养老不好吗？"他顿了顿，用沙哑的声音说："你说得对，岸英当时要不上前线是完全可以的、是可以办到的。但是你想想，我们国家刚解放遇到大难，力主出兵朝鲜是我毛泽东倡议的，要知道当时大家还不太同意，是我一个一个说服大家都同意的，我们要派那么多的战士出战，都是儿子，都要出战，我的儿子不出战，我怎么号召别人？谁叫他是毛泽东的儿子。"这感人的一席话也被周世钊原原本本记录了下来。

周恩来同志曾经以报告的形式向毛泽东提出应将毛岸英烈士的遗骨运回国内安葬，毛泽东看到报告后只批示了一句话："青山处处埋忠骨，何必马革裹尸还。"岸英的遗骨永远被安葬在他战斗过的朝鲜的土地上。

根据毛泽民的遗孀朱旦华同志回忆："要知道在岸英牺牲之后，每逢过年家里都有一个习惯，那就是谁也不要提已经死去的人，但是每次都是毛泽东亲自打破这个僵局，端起第一杯酒就会说：'过年了，泽民、岸英，这杯酒是你们的，国家现在很好，我们现在都很幸福，我很想念大家'。大家心情都非常沉重，都没法吃饭。"

1951 年从抗美援朝前线回来的人，把毛岸英同志的遗物整理出来送给毛泽东，只有两件上衣、一双袜子、一顶军帽，还有临行前父亲送给他的几本书。毛泽东当时强忍悲痛将这箱子小心收藏起来，没有让任何人经手或替他保管，只有身边最亲近的工作人员知道。每年到天气热的时候，毛泽东都会把遗物拿出来晒晒晾晾，然后重新整整齐齐地装好。直到1990年，中共中央警卫局的工作人员整理毛泽东遗物时，在衣柜最里面把这箱子东西找了出来，打开一看发现所有东西都洗得干干净净，叠得方方正正。

毛泽东逝世14年后，人们才发现他埋藏得很深、很久的对儿子的思念。老人家内心承受了多大的痛苦和煎熬，通过被保管得这么好的遗物就可想见。也许在无数的不眠之夜，作为父亲的毛泽东也会像一个普通的晚年丧子的老父亲一样，拿出儿子的遗物看了又看，摸了又摸，辗转难眠。更难以想象的是在儿子牺牲后，毛泽东曾强忍巨大悲痛，先后27次接见慰问抗美援朝的烈士家属，每次接见慰问他都一一握手，神情凝重，毛泽东他自己也是烈士家属啊！

四、无我无私，感天动地

毛泽东将毕生精力全部投入中国人民的解放事业。为了实现国家独立，人民解放，毛泽东一家付出了巨大牺牲，结发妻子杨开慧惨死于湖南军阀的屠刀之下，二弟、三弟先后为革命事业献出宝贵生命。毛泽东一生共有过十个孩子，除了岸青、李敏、李讷，其他孩子要么牺牲，要么病死，要么下落不明。

除了是国家领导人，毛泽东也是儿子、丈夫、父亲。作为一个儿子，没有机会陪伴、侍奉年迈的父母，甚至在母亲临终前都没有见上最后一面，只能悲叹："呜呼吾母，遽然而死"；

作为丈夫，不能陪伴在妻子左右，共同抚育年幼儿子，只能在爱妻去世后写下"开慧之死，百身莫赎"；作为父亲，他也无法尽到保护孩子的责任。

毛岸英、毛岸青小时候虽然受尽磨难，在艰难的环境里挣扎着活下来，但他们从来没有责怪过自己的父亲，而且不放弃任何学习机会。即使后来毛泽东成为共和国领袖，毛岸英兄妹们也没有享受过特殊待遇，他们时刻以父亲为荣，勤奋、务实、努力工作，像父亲一样舍小家为大家。为保卫国家安全，毛岸英告别了父亲、弟妹，作别新婚妻子，义无反顾地踏上了抗美援朝保家卫国的征程，把自己年轻的生命永远地留在了异国他乡的苍山翠柏之间……

· 结 束 语 ·

今天沐浴着和平阳光长大的青年大学生，享受着社会进步带来的文明成果，生活自由自在，也不必为衣食住行而发愁。每当我们在一个洒满阳光的早晨走进书声琅琅的教室的时候，每当我们与革命纪念馆擦肩而过的时候，每当我们与同学徜徉于一方湖光塔影之中的时候，我们是否觉得今天的幸福生活来之不易。作为一名新时代大学生，我们是否应该发自内心叩问自己的灵魂：到底什么样的人生才有价值、有意义？我们应该把个人前途和国家、民族的前途命运紧紧地联系在一起，在尽责集体、服务社会、贡献国家中实现人生理想和人生价值。

毫不利己　专门利人

张　婕

1939 年 10 月 24 日，白求恩在河北省涞源县孙家庄村外小庙为伤员做手术

[引　言]

  本节我们将共同追忆一位感动过无数中国人的加拿大医生——亨利·诺尔曼·白求恩。摄影家吴印咸在 1939 年 10 月的摩天岭战斗中，拍摄了一张白求恩

的工作照。深秋的河北，一座破旧的小庙，一个简陋的临时手术台。白求恩身着八路军土布军装，脚穿一双大号草鞋，正弯腰躬身在手术台前做手术，一缕阳光从照片的左上方斜射进来，从侧面勾勒出他消瘦的面颊、胡须、花镜，以及专注的神情。这张照片是对他灵魂最完美的诉说。聂荣臻元帅在晚年回忆起白求恩的时候，曾对女儿聂力讲，"我一生中只流过两次泪，其中一次就是在白求恩遗体前，我曾泣不成声"。女儿问父亲："记忆中他究竟是怎样一个人？"聂荣臻说："他是一个能让人心灵得到净化的人。"让我们一起走近白求恩，共同去探寻他的人生轨迹和价值追求。

一、白求恩人生选择

亨利·诺尔曼·白求恩一个富有传奇色彩的历史人物。他曾经参加过两次世界大战，是奔走于东西方两大战场的战地医生。1890 年 3 月 3 日出生在加拿大安大略省多伦多一个牧师家庭，他的父亲是长老会的牧师，母亲是一位基督徒和传教士，白求恩曾回忆道："母亲给了我一个传道家的性格，父亲给了我一股要行动、要干的热劲儿。"他的祖父是多伦多市杰出的外科医生，对待工作严谨认真，有着强烈的质疑精神，成为白求恩童年崇拜的偶像，儿时的白求恩就树立了自己的职业梦想——做一名外科医生。1909 年，白求恩考入著名的多伦多大学，这是加拿大的最高学府，就像我们国家的北京大学、清华大学。1914 年 7 月，第一次世界大战爆发，白求恩在仅

铭记白求恩

剩一年时间就可以获得医学博士学位时，却在加拿大宣布参战的第二天放弃学业去参军。战后他完成学业并在欧洲深造，如愿成为一名外科医生。1924年，白求恩大夫偕同新婚的妻子来到美国世界汽车工业心脏的"轰鸣之都"——底特律，并挂牌行医；20世纪20年代，底特律的繁华和发达程度犹如今天我们的北上广，工业化速度走在世界前列。1926年，白求恩被聘为底特律医学院药学讲师，底特律医学院在美国排名第五位。在他声名日盛之时，1926年夏天，他患上了肺结核，这种病在当时如同今天的癌症一样可怕。白求恩与妻子弗兰西丝·彭尼于1923年在苏格兰认识，时年22岁的弗兰西丝与白求恩一见钟情，虽然这一生与妻子离婚两次，但是弗兰西丝是他的初恋也是他刻骨铭心的爱人，在一些信件以及遗嘱中都有证明。离世前一天，他在遗书中讲道，"请求国际援华委员会给我的离婚妻子拨一笔生活的款子，分期给也可以"，"向她说明，我是十分抱歉的，也告诉她，我曾经是很愉快的"。这位战场上的英雄一生从没要求过什么，但他弥留之际念念不忘的还是弗兰西丝。患肺结核期间，因为不愿意拖累年轻的妻子，担心传染给自己的爱人，白求恩坚决要求离婚。他独自来到疗养院，在死亡的边缘，他冒险试用了当时尚处在理论研究阶段的一种很具危险性的新疗法——人工气胸疗法。两个多月之后，白求恩竟然奇迹般痊愈，这是他通过亲身实践，为人类健康事业作出的一大贡献。治愈肺结核，对白求恩的精神世界产生了巨大的冲击，他曾对一位病友说，"我已经37岁了，我要为人类做些更重要的事情，而且在我死亡前就要完成"。1935年8月，白求恩应邀参加在苏联举办的国际生理学大会。在苏联，他看到肺疾的预防和治疗成效十分明显，肺结核死亡率只有沙俄时代的五分之一，他感到非常震惊，并深刻地意识到社会制度对改变医疗现状的重要性，他认为有一种信仰、有一种制度或许比自己作为医生可以挽救更多人。同年，他加入了加拿大共产党，成为一名共产党员。以医疗救社会，始终是他的梦想和追求。1936年，他选择奔赴西班牙战场，他在这里创造了战争史上的医学奇迹，用流动输血技术来抗击制造流血的法西斯战争。1938年，他又选择前往比西班牙更遥远、更落后，也更危险的中国抗日前线，成为一名战斗在晋察冀边区的战地医生，直至1939年11月12日以身殉职，时年49岁。

二、白求恩在延安

1938年2月，白求恩登上了北去的列车，由于日军轰炸、道路损毁和频繁的战事，白求恩的湖北、山西、陕西之行历经艰险，直到3月底才抵达延安。在凤凰山的窑洞内，他见到了毛泽东。他郑重掏出党证交给毛泽东："我是来向你报到的。"得到毛泽东热情回应："我们应该将你转入中国共产党，这样你和这个国家就密不可分了。"二人长谈达4个多小时，以至于白求恩当晚兴奋到失眠。那天晚上毛泽东向白求恩询问最多的事情是怎样才能有效地救治前线伤员，这正是白求恩已经深思熟虑的问题。他肯定地说："我觉得最能发挥作用的方式是组织战地医疗队，到前线去抢救伤员。"两人相视一笑，微微点头。白求恩继续说："根据我在西班牙战场的经验，如果手术及时75%的伤员都会得救和恢复，大多数伤员的死亡是因为没有及时手术，大多数伤残是因为错过最佳手术时间。"

白求恩非常渴望了解中国革命，了解中国共产党和红军历史。毛泽东告诉他，1921年，中国只有50多名党员，而今天拥有30多万党员，长征前红军30万人，在第五次反"围剿"中损失惨重，由于人民群众的支持才发展起了五六万人的抗日武装。中国共产党和国民党联合抗日，接受改编，是把民族大义放在第一位，把人民利益放在第一位。白求恩问道，抗日战争的前景怎样？毛泽东感到这个加拿大医生非同一般，他向白求恩介绍了中国抗日战争的战略问题，即中日战争不是任何别的战争，乃是半殖民地半封建的中国和帝国主义的日本之间在20世纪30年代进行的一个决死战争。日本是一个强大的国家，但它的侵略战争是野蛮和退步的；中国国力贫弱，但它是反侵略战争，是正义和进步的。日本是一个小国，经不起长期战争；中国是一个大国，能够支持长期战争。现在，战争正按照一个相当明确的规律发展，中国人民一定会得到最后的胜利。他们讨论了持久战、游击战、最后的胜利等，这些语言对于白求恩来说都是全新的概念、全新的思想，毛泽东的深入阐述如同给他打开了一扇窗户，使他对世界和中国看得更加清晰。白求恩后来说："我来延安前，听人称颂毛的伟大，但只有亲耳聆听了他的谈话后，我才真正理解伟大的含义。"白求恩后来谈道，在斯诺的《西行漫记》这本书中曾读道，"毛泽东穿着打满补丁的衣服，朱德用马尾巴毛做的牙刷，周恩来睡的土炕，彭德怀用缴获的降落伞做的背心，林伯渠用细绳缠着一条腿的眼镜，他们和士兵吃着一样的伙食"，读到"以窑洞为教室，以石头砖块为桌椅，以石灰泥土墙做黑板的延安抗大"，延安使他见证了"东方魔力"，使他"真正体味到这场惊天动地的斗争中奇异而崇高的精神"。

三、白求恩在前线

1938 年 6 月，白求恩拒绝了毛泽东请他留在后方医院的挽留，在他的强烈要求下，来到了中国华北抗日的最前线晋察冀边区。白求恩几乎没有经过任何的准备迅即投入战斗，第一个星期他检查了 520 名伤员，第一个月他做了在今天很多外科大夫眼里如天文数字一般难以理解的 147 例手术。白求恩几乎用了他所有的精力和能力去克服在工作中遇到的巨大困难。第一次巡视的结果令他感到了巨大的震惊，这里有 2500 多名伤员，却只有 5 名大学毕业的中国医生，50 名未经训练的医生和一个外国人在做这项工作。白求恩说，在晋察冀军区各后方医院，我看到 10 个伤员挤在土炕上，他们的食物只有小米粥，所有人都贫血，营养不良；有的伤员因为冻伤产生的坏疽而失去双腿。如果按照西方的标准，这里根本没有任何所谓真正意义上的医院设施，唯一能用的就是他带来的那点设备。在残酷的战争中，他不得不用锯木头的锯子去为伤员做截肢手术，自己绘制手术所需的医疗器械并亲自打造。他利用自己从西方带来的那一点先进的医疗设施，在我国最偏僻落后的农村建立起我军第一所真正意义的战地医院——模范医院。他带领铁匠、木匠等打造了 100 多件手术医疗器械，发动村内的妇女做了50 多套伤员用的衣服、床单等。老乡们跟他开玩笑说，他以前肯定干过铁匠。白求恩笑着说："一个战地外科医生，同时应当是好的木匠、铁匠、缝纫师和理发师。"这所医院仅仅运行了 18 天就被日军炸毁了，但是他在这里依然开办了卫生学校、医疗卫生实习站，编写教材、战地医疗手册，为我军培养了大量医护人员。他创造性地在我国战场上第一次实现了战地输血。因为他是 O 型血，笑称自己是万能输血者，可充当最佳献血源。在晋察冀边区的 500 多个日日夜夜里，他毫无保留地奉献了自己的所有。

1939 年 10 月，本来是白求恩同志预计启程回国的日子，但是他没有马上离开，因为他始终惦记着对聂荣臻的一项承诺，那就是对晋察冀军区所有医院做一次巡视。10 月下旬，他带领的战地医疗巡视队刚完成冀中巡视任务时，敌人就发动了 1939 年冬季"大扫荡"，而担任北线总指挥的是被日军称为山地作战专家的"名将之花"阿部规秀。著名的摩天岭战役爆发，这是日军发动的规模最大的一次进攻，出动了五万人马，有陆军也有空军，而且携带了毒瓦斯。我军只有六个团一个支队的兵力，且不说武器的巨大差异，仅日军数量就是我军的 5 倍之多，力量对比悬殊。就是在这样残酷的战斗环境下，白求恩再次将回国行期推迟至 11 月上旬。1939 年 10 月 29 日，摩天岭战斗中白求恩同志率领医疗队来到距离火线七八里的孙家庄，在一座破庙里搭起手术台开始手术。30 日下午，司令部紧急通知医疗队，日寇包围了孙家庄，手术站必须立即转移。而白求恩坚持将余下的手术做完，他不愧是历经两次世界大战的老兵，此时的身份似乎变成了战地指挥官。他冷静地发问："敌人从哪里来，多少人，还有多少需要手术的伤员？"了解情况后，计算着"那我们至少还有 30 分钟可以给伤员做手术，3 台手术同时开展"。白求恩一边发号命令，一边加快手术速度，他对躺在手术台上劝他撤离的最后一位伤员朱德士说："孩子，你听我的，现在手术，你的腿就可以保住，现在不处理，这条腿就完了。"手术中白求恩用已经划破的左手为伤员处理伤口，掏取碎骨，术后简单处理后，跨上马背紧急撤离。连续三天的急行军和战地手术，加上极度缺少睡眠，白求恩感冒了，左手手指已经发生肿胀，疼痛开始加剧。11月1日这一天原本是白求恩启程回国的日期，他在检查前一晚做过手术的伤员时，发现一个伤员头部和颈部肿胀严重，生命垂危，这就是我们民间俗称的颈部"丹毒"，病菌已侵入头部，皮下已并发了蜂窝组织炎。白求恩知道，这是一种由链球菌侵入伤口引起的传染性急性炎症，如不及时治疗，病人就有生命危险，必须立即手术。他坚持亲自做这台手术，由于手指重度红肿，不能佩戴橡皮手套，伤员脱险了，白求恩的伤指却被再度感染。

四、白求恩生命最后的日子

11月2日，白求恩大夫忍着伤痛为300多名伤员做了检查。此时，链球菌已经在他体内蔓延，白求恩开始感到头晕、疲惫、发烧、没有食欲，眼窝越发深陷，面色憔悴不堪。3日，白求恩用裁剪下的橡皮手套包住伤指，一连为13名伤员做了手术，当最后一个手术做完时，他连说话的力气都没有了。5日，他的伤指肿胀得比正常手指粗了一倍不止，白求恩让护士帮忙切开手指，放出脓血。6日，白求恩左肘内侧出现了脓肿，淋巴结也开始肿大，病情恶化。8日，在寒风中行军70多里，警卫员何自新给他盖了两床棉被，屋内生了火，他依然不停地打着冷战。在体温39.6度的情况下，他依然坚持留在前线，命令医生"遇到头部或者腹部受伤的，必须给我看，就是睡着了也要叫醒我"。他始终没有撤离前线，生命中最后的时日是白求恩大夫与生命赛跑的时日，他想用自己有限的生命抢救更多的八路军战士。10日，聂荣臻将军知道了他的病情，命令医疗队立即带他撤离，听说是聂荣臻的命令，白求恩不再争辩。他说，我十二万分忧虑的是前方流血的战士们，假使我还有一点支持的力量，我一定留在前线。他用右手摸着肿胀的左臂，知道自己现在已经无法尽一个医生的职责了，他不愿离开战斗岗位，但他更不愿意给部队再添麻烦。过了很长时间，他用颤抖的声音说："我服从聂将军的安排。"说完，两行热泪从眼眶涌出，他第一次因为不能工作而内疚地哭了。11日黄昏，黄石口村，白求恩叫停了医疗队，他让何自新拿来几张信纸，用颤抖的手写下最后的遗言，"今天我感觉非常不好，也许我要和大家永别了……"12日凌晨，他平静地走了，时间定格在5点20分。漫天大雪揽得周天寒彻，巍巍太行山顿时银装素裹。参加悼念的医疗队队员说，"我们八路军将士的全部泪水，也表达不了对白求恩的哀悼"。有人这样说，"就是晋察冀军民的泪水，全国人民的泪水，也不能表达我们对他永远的怀念"。

五、弘扬白求恩精神

传承白求恩精神

回顾白求恩同志的生平，不难得出这样的结论，就是每当作出人生重大选择的时候，他会遵循自己的原则——毫不利己，专门利人。正如他1914年放弃学业参军；1926年提出与自己深爱的妻子分手，独自面对病魔甚至死亡；1936年选择前往西班牙战场；当然，他一生中最重要的选择发生在1938年。在写给聂荣臻司令的遗嘱里，他说，"最近两年是我生平最愉快最有意义的时日，我非常的快乐，唯一的希望就是能够多有贡献"。"我的确感到很疲倦，但我觉得很长时间没有这样开心过了，内心非常满足。因为我做着自己喜欢的事情……我在这里受到了国王般的待遇，已经没有任何奢求了，对我而言，我的同事就是我最大的财富。他们把共产主义视作一种生活方式，一种质朴而深刻的理想。"

80多年前，加拿大人亨利·诺尔曼·白求恩倒在了中国抗日战场最前沿的河北省唐县一个叫黄石口的小山村，一个多月后毛泽东在杨家岭的窑洞里写了一篇文章《纪念白求恩》。毛泽东高度评价他是"一个纯粹的人，一个有道德的人，一个脱离了低级趣味的人，一个有益于人民的人"。这是一个被中国人民长久纪念、永远缅怀的英雄，特别是中华人民共和国成立后，这种纪念和缅怀几乎上升为一种国家情感和公民自觉。

新时代，白求恩"毫不利己、专门利人、对工作精益求精"的精神，仍然激励着一代又一代的青年人不计得失，努力工作，奉献社会。今天，我们应该如何继承、弘扬这一伟大的精神呢？

第一，必须牢固树立坚定的理想信念。习近平总书记指出，"一个国家，一个民族，要同心同德迈向前进，必须有共同的理想信念作支撑"，"没有理想信念，就会导致精神上'缺钙'"。所以，崇高的理想，坚定的信念，永远是共产党人的政治灵魂。随着社会的不断发展，人们的价值取向也发生了许多改变。今天社会上有一些人滋生了拜金主义、享乐主义、极端个人主义思想，甚至于为达个人目的不惜牺牲他人、集体、国家利益。那么我们来思考下，白求恩先生舍弃的是什么？他舍弃的是不是我们当下许许多多的人穷其一生所追求的呢？请一起来想象一下白求恩选择来中国前的生活状态，1922年他加入了英国皇家外科医学会；1924年他在美国新兴汽车城市底特律开设诊所；他与妻子弗兰西丝住着豪华公寓，家里挂满了大量画作，购置了汽车；他当选为美国胸外科学会的五人理事会理事，是加拿大圣心院的胸外科主任，是20世纪30年代最具世界影响力的医学专家。毫无疑问，他生活在一个科技发达的工业化国家，享受着一位名医的荣耀，他的生活优雅而富足。然而他义无反顾辞去工作，舍弃自己的职业前途。白求恩在写给前妻信中曾这样说："因为我拒绝生活在一个制造屠杀和腐败的世界里而不奋起反抗，因为我拒绝用默认或忽视职责的方式来容忍这些贪得无厌的人对其他人发动的战争。我为什么要到中国去，因为那是这个世界上最大的一个伤口，那里是需要最迫切的地方。"他以毕生的职业追求和矢志不渝的信仰坚守，为后人留下了弥足珍贵的白求恩精神，这种精神如此真实，如此感人，它让世人相信，一个立誓为人类福祉做些事情，并为此奋不顾身的人，就会达到不一样的人生高度。

第二，必须淬炼个人崇高品格。白求恩精神是共产主义精神的缩影，曾经教育和培养了亿万中国人，他不仅是医疗战线的楷模，也是全社会学习的榜样。毛泽东在《纪念白求恩》一文中写道："白求恩同志毫不利己专门利人的精神，表现在他对工作的极端的负责任，对同志对人民的极端的热忱。"在冀中的4个多月时间里，施行手术315次。1939年3月3日，在冀中河间县度过了49岁生日，这一天连续做了19台手术，直到第二天早上6点才休息。最后的巡视工作，两次推迟行期，在日军包围孙家庄时，30分钟内同时开展3台手术，争取有限的时间完成对伤病员的全部抢救，生命的最后15个昼夜还在与死神赛跑。在艰苦的岁月里，他回绝了一切的特殊待遇，拒绝了毛泽东特批给他每月 100 元的生活津贴，他对聂荣臻司令讲："假如真的有这笔钱请把它用作照顾伤员，如果为了钱我不会到这里来，在加拿大我每月的月薪不会低于六百美元。"他和我们的八路军战士一样，吃的是小米土豆，穿的是粗布军装。在今天，我们身边也涌现出一批像黄旭华、焦裕禄、甘祖昌、钟南山等白求恩式的杰出人物，他们任劳任怨、兢兢业业，把毕生的精力都奉献给了党和人民的事业。他们用行动实现了高尚的人生信条，崇高的个人品质。白求恩精神的核心思想毫不利己专门利人被一代又一代的中国人民铭记着。

第三，必须培养精神传承人。白求恩精神诞生于战争年代，践行于救死扶伤的烽火前线，更发扬和继承于和平建设时期。宋庆龄为《手术刀就是武器》一书写序言时，曾这样评价白求恩："任何时代的英雄都是这样一种人：他们以惊人的忠诚、决心、勇气和技能完成了那个时代放在人人面前的重要任务……"在中国，白求恩精神从来都不曾褪色，2013 年习近平同志首次提炼出"不畏艰苦、甘于奉献、救死扶伤、大爱无疆"的中国援外医疗队精神，其实质也是对白求恩精神的发扬和传承。在抗击非典、埃博拉病毒、新冠疫情等大灾难面前，白求恩精神无疑得到了一次又一次的体现和传承。疫情战斗更是让"90 后""00 后"的小公主、小王子一夜之间蜕变成为勇敢的战士。他们那种不惧艰险的精神、救死扶伤、大爱无疆的行动，时刻在震撼着我们的心灵。在 4.2 万多名援鄂的医护人员中，有 1.2 万多名是"90 后""95 后"甚至"00 后"，他们主动请缨、写下一封封请战书，坚定地选择逆行，正是用宝贵的生命践行、传承着白求恩精神。

· 结 束 语 ·

2020年突如其来的新冠疫情，注定了庚子鼠年有着不平凡的开年。来不及过节，一声哨响，举国上下进入战时状态。这样一群人舍弃了舒适安逸的生活，义无反顾前行，为保卫同胞、国家安全而战，不计生命代价。每个时代都有英雄，今天你享受岁月静好的时候，不要忘记那些曾经或者正在负重前行的人。正是这些毫不利己、专门利人的英雄，铸造了我们中华民族的生生不息！我们在铭记缅怀英雄的同时，更应该践行、传承他们的精神！

求 真 篇

求真务实

求真务实

　　所谓"求真"，就是要坚持一切从实际出发，不断认识事物的本质，把握事物的规律；所谓"务实"，就是在一切从实际出发原则指导下，去做、去实践。二者是统一的，这是马克思主义世界观和方法论的本质体现。

　　延安时期，条件虽艰苦，但在山沟沟里的窑洞中，毛泽东领导全党学马列、用马列，把马克思主义的基本原理与中国革命的实际相结合，创作了《矛盾论》《实践论》《论持久战》《新民主主义论》《论联合政府》等百余篇马克思主义中国化的著作，用以武装干部头脑，指导革命实践，最终完成了中国人民站起来的历史使命。延安时期，以毛泽东同志为主要代表的中国共产党人从历史的启示和教训中，结合中国革命的实际，读懂了"历史周期率"。在杨家岭的窑洞里毛泽东与黄炎培的对话，严肃回答了"如何跳出周期率的支配"这个关于政权建设的问题，成为我们耳熟能详的"窑洞对"。延安时期，千千万万有志青年冲破重重阻拦奔赴延安，在艰苦的生活中保持着激情和乐观，用坚定的共产主义信念和坚强的意志，扎根生活、扎根人民，创作出《南泥湾》《黄河大合唱》和歌剧《白毛女》等大批影响至今的经典之作，铸就了辉煌的鲁艺精神。1969年，青年习近平插队梁家河，直到1975年离开。在这里，他学到了农民实事求是、吃苦耐劳的精神；在这里，他坚定了要为人民做实事的信念。

今天，青年何以强、何以智、何以富、何以独立？习近平总书记在北京大学师生座谈会上说："希望广大青年珍惜大好学习时光，求真学问，练真本领，更好为国争光、为民造福。"这个"求真学问，练真本领"正是最好的答案。什么是"真"？那些能够解决实际问题、对人类社会有积极意义、能够实现中华民族伟大复兴的学问，就叫真学问、真本领。

纵观中国历史，唯有真学问、真本领，才能经世济民。青年精力充沛，青年大有可为，青年欲成就"最好之自我"，须有能把自身才干融入国家民族和社会大势中的真本领。唯有求真，有真学问、真本领，才能成就"最好之青年"；唯有"最好之青年"，才能成就"中国强中国智中国富"。

坐而论道，不如起而行之。广大青年要继承和发扬求真务实的精神，时刻铭记"空谈误国，实干兴邦"，把握住长本领的最好时光，把握好新时代的伟大机遇，做"最好之青年"，实现"少年强则国强"的伟大梦想。

📖 **想一想 做一做：**

1. 结合学习实际，谈谈如何发扬求真务实精神？
2. 如何成就新时代"最好之青年"？

延安的窑洞有马列主义

石 瑾

1940 年毛泽东在杨家岭窑洞内撰写《新民主主义论》

[引 言]

窑洞历史久远，它是人类史前社会时期便有的重要居住方式之一，《诗经》中"陶复陶穴，未有家室"之句，说的就是这种穴居野处的生活方式。延安的窑洞外观平淡无奇，在现代社会生活中甚至会显得非常原始，但这里却有马列主义。

1940 年底，由于党的七大延期召开，许多来到延安的七大代表不能按预期参会，便被安排到中央党校等地学习，他们的生活常态是住土窑洞、吃小米饭、学习马列主义。从炮火连天的战争前线生活到平静的后方校园生活，从宽敞的平房到矮小的窑洞，这种巨大的生活落差使许多人一下子难以适应，逐渐萌生了重返前线的想法，学习态度也消极起来，生活中更是牢骚满腹，其中让校方倍感头疼的便是新四旅的一些干部。毛泽东知道这个情况后，决定在杨家岭接见他们，要与这些同志好好谈谈心。一坐下来，毛泽东开门见山地说道："不习惯蹲窑洞，这是要不得的。延安的窑洞是最革命的，延安的窑洞有马列主义，延安的窑洞能指挥全国的抗日斗争。蒋介石现在比我们住得阔气，有洋房，有电灯，可是全国人民都不听他的。我们不要看不起自己，不要看不起土窑洞，全国人民的希望都寄托在我们身上，寄托在延安的土窑洞里啊。"

延安的窑洞外表虽然普通，但内涵十分丰富，因为延安窑洞有马列主义。马列主义是迷途中的旗帜，是暗夜里的灯塔，为无数仁人志士指明了前进方向，吸引着无数青年下定决心奔赴延安："打断骨头连着筋，剥去皮肉还有心，只要还有一口气，爬也爬到延安城。"马列主义是共产党人信仰的源泉，他们坚信只有社会主义才能救中国，坚信在马列主义指导下，民族独立、人民解放的使命一定能够完成。

一、从"山沟里出不了马列主义"到"延安的窑洞有马列主义"

十月革命一声炮响，给我们送来了马克思列宁主义。苏俄

延安窑洞为什么会有马列主义？

社会主义革命的成功经验，一度成为中国共产党在中国实践马列主义的行动标杆。然而，幼年时期的中国共产党对马列主义的理论和中国革命的实践并没有深入和系统研究。不少共产党员特别是部分党的高级干部，只知道照抄照搬苏俄经验，在具体工作中往往把马列主义当成千古不变的教条，把共产国际的指示和苏联的经验当作神圣的工具，导致中国革命出现"左"倾或右倾错误路线，中国革命遭受巨大损失。大革命失败后的情形正如毛泽东在党的七大上所讲的，"被人家一巴掌打在地上，像一篮鸡蛋一样摔在地上，摔烂很多，但没有都打烂，又捡起来，孵小鸡"。

此后，以毛泽东同志为主要代表的中国共产党人，坚持把马列主义基本原理和中国革命具体实践相结合，不断汲取革命失利的经验教训，创建了井冈山等农村根据地，逐步探索出一条"农村包围城市，武装夺取政权"的全新革命道路。可是，以王明为代表的"左"倾教条主义者们却简单地套用苏联革命的模式，肆意攻击以毛泽东同志为主要代表的党内正确路线，给他们戴上"狭隘经验论"的大帽子，狂妄地叫嚣"山沟里出不了马列主义"。

从大革命的失败到第五次反"围剿"斗争失利这两次大的挫折中走出来，从南方的山沟沟来到西北的黄土高原，中国共产党人走过了万水千山，其领导的革命事业也经历了从挫折走向胜利的历史性转折。这一深刻变化的原因关键在于有延安窑洞里的马列主义指导。当然，延安窑洞里不会自然生长出马列主义，延安窑洞里的马列主义是中国共产党人坚持实践创新和理论创新，把马列主义与中国实际相结合的成果，实现了马克思主义中国化的第一次历史性飞跃。

首先，长征结束后，中共中央把中国革命的大本营放在陕北，延安的窑洞里住进一群成熟的共产党人，为马克思主义中国化准备好了理论创新团队。

以党的七大形成的中央领导集体为例：一是领导成员年龄结构合理、经验丰富、政治成熟。68 岁的徐特立年龄最大，早年参加过辛亥革命，入党后参加过南昌起义，担任过中华苏维埃中央政府执行委员，积累了十分丰富的革命经验；31 岁的习仲勋年龄最小，政治上相当成熟，曾妥善处理西北民族事务，毛泽东事后给予高度赞誉说："诸葛亮有个七擒七放，我们还多，我们来个十擒十放。""仲勋，你真厉害，诸葛亮七擒孟获，你比诸葛亮还厉害！"二是领导成员文化水平高，形成知识化团队，中央委员中大专以上学历占 53.2%，留洋学习工作者占 55.2%，为马克思主义中国化准备了基本的理论创新能力。三是领导成员信念坚定，形成革命化团队，其中 90.0% 参加过学生运动，96.1% 参加过农民运动，55.9% 参加过工人运动，他们经受住了各种风浪考验，革命信念坚如磐石，特别是中央书记处五大书记之一的任弼时，就连日本人也不由慨叹，"红色共产主义理念信念渗透到他的每一根头发"。四是领导成员都从斗争一线脱颖而出，绝大多数成员都经历过一元化领导实践，一人身兼党、政、军、民多种领导职务，全面积累了丰富的领导经验，善于驾驭复杂局面。

一个成功的集体离不开核心，党的七大选举产生的这个中央领导集体的核心是毛泽东。我们可以从斯诺对毛泽东深刻印象中了解其所具备的理论创新条件。第一，毛泽东知识渊博，广泛涉猎中国传统文化典籍，精通文学，在旧体诗词方面造诣较深、成就颇丰；第二，毛泽东思想深邃，对哲学和历史都有较为深入的研究，许多问题都能上升到哲学高度来审视，具有较高站位与宽阔的视野；第三，毛泽东具有杰出的演讲和写作才能，讲话幽默风趣，文章通俗易懂，他的演讲引人入胜，很有号召力；第四，毛泽东记忆力超乎常人，记人记事几乎是过目不忘，见过一面后下次再见便能叫上名字，同时他又是一个做事非常专心致志的人，对工作极端认真负责，力求精益求精，任何事情做起来都是一丝不苟，因而工作能力不同凡响；第五，毛泽东精力旺盛，经常工作到深夜甚至黎明，似乎是不知疲倦，再加上他在军事和政治战略方面的天才式禀赋，其领导艺术日臻成熟。

其次，在延安的窑洞里，以毛泽东同志为主要代表的中国共产党人把马列主义与中国具体革命实际相结合，对中国革命的深刻经验进行深入总结，开启了马克思主义中国化的理论创新新境界。

关于总结经验，还有一个很有趣的小故事。时间是1965年7月26日，原国民党政府代总统李宗仁先生和夫人从海外归来，毛泽东在中南海亲切接见。宾主相谈甚欢之际，毛泽东却突然向李宗仁的机要秘书程思远提了一个问题："你知道我靠什么吃饭吗？"程思远一时反应不过来，一脸茫然。见此情景，毛泽东用十分轻松的口吻告诉他："我是靠总结经验吃饭的。以前我们人民解放军打仗，在每个战役后，总来一次总结经验，发扬优点，克服缺点，然后轻装上阵，乘胜前进，从胜利走向胜利，终于建立了中华人民共和国。"

延安时期相对稳定的局势，国内翻译出版的一些马克思主义书籍与文章能够传到这里，毛泽东等党的领导人有充裕的时间认真阅读收集到的各种书籍，为他们从理论上全面回顾和思考中国革命的经验提供了必备条件。斯诺在《西行漫记》中曾记录了毛泽东在窑洞中读书的故事。有一段时间，斯诺获准每天晚上都去采访毛泽东，了解中共历史上的一些问题，当然也包括了解毛泽东本人的历史。可是，有一次有人给毛泽东带来了几本新出版的哲学方面的书籍，激起了他极大的兴趣，要集中精力进行研读，于是便要斯诺过一段时间再继续他们之间的"聊天"。斯诺后来了解到，毛泽东大概花了三四个晚上的时间，全部心思都用在研读这几本哲学书上。在他专注读书期间，其他的什么事似乎都可以放在一边。作为一个马克思主义者，毛泽东读哲学书并不仅限于马克思主义哲学家的著作，西方古典哲学名家，比如斯宾诺莎、康德、歌德、黑格尔、卢梭等人的著作，他也阅读。

为了推进马克思主义哲学理论的中国化，毛泽东在抗日军政大学授课的基础上，撰写《辩证法唯物论》，其中的一部分便形成著名的《实践论》《矛盾论》。写作过程中的酸甜苦辣，让他久久不能忘怀，多次回忆当时的情形："写《实践论》《矛盾论》，是为了给抗大讲课。他们请我讲课，我也愿意去当教员。去讲课，可以总结革命经验。讲一次课，整整要花一个星期的时间做准备，而且其中还要有两个通宵不能睡觉。准备了一个星期，讲上两个钟头的课，就'卖'完了。课不能照书本去讲。那样讲，听的人要打瞌睡。自己做准备，结合实际讲，总结革命经验，听的人就有劲头了。"

1938 年，早春的延安寒气逼人，凤凰山窑洞里，毛泽东废寝忘食、奋笔疾书，撰写《论持久战》，有力回击"速胜论""亡国论"等谬论。据身边工作人员回忆："第七天深夜，毛泽东继续在桌子边写作。桌边的稿纸堆积了一大摞，他还没有写完呢！警卫员考虑到窑洞寒冷，设法弄了盆炭火搁在毛泽东的脚边。又考虑毛泽东长久坐板凳易乏力伤腰，就到饲养员处找了条当马垫子用的毯子垫在板凳上。过了一些时间，毛泽东突然叫道：'警卫员，你来一下。'警卫员立即推门进去，嗅到一股破布烂棉花的焦味。走近一看，原来是毛泽东全神贯注写作，竟把脚上穿的棉鞋烤着冒白烟呢。警卫员急忙帮助他脱下棉鞋，扑灭了余焰，可是一双棉鞋烧坏了好几处，棉花都露了馅，再也没法穿了，只好换上单鞋。毛泽东望着那双着火的棉鞋，哈哈大笑，嘴里还说：'怎么搞的？我一点也没有觉得就烧着了。'说完，他又埋头思索刚才写的文章，就像什么事情都没有发生过。"

为了科学回答"中国向何处去"的问题，毛泽东在杨家岭的小油灯下不眠不休，通宵达旦地工作，只为赶写《新民主主义论》。为了让毛泽东休息一会儿，身边的警卫人员可是费了不少周折，却很难奏效。有一次，警卫班班长王来音值班。夜深了，毛泽东还在油灯下奋笔疾书，王来音劝了几次，他都不肯休息。王来音想起了任弼时同志曾交代过：如果主席不肯休息，你们可以采取"强制"措施。于是，王来音再次走进窑洞说："主席该休息了，我要把灯拿走了！"说着便拿起小油灯向外走。毛泽东没有办法，只好"服从"。等毛泽东上床休息后，王来音把灯放在窗台上，他得意自己的"强制"措施见效果了，高兴地睡觉去了。第二天，站岗的警卫战士告诉他："你走后不久，主席窑洞的灯又亮了，一直到天亮。"

在中国革命发展的关键时刻，以毛泽东同志为主要代表的"理论创新团队"，潜心研究马克思主义理论，深入总结中国革命经验，先后写下了一系列光辉著作，全面系统地阐述中国革命的基本方向、基本道路、基本动力、领导力量等重大理论问题，及时回答了党领导人民军队开展斗争所面对的路线、方针、政策问题，奠定了党的思想理论基础。

就这样，在寒冷的窑洞里，在灰暗的油灯下，以毛泽东同志为主要代表的中共领导人思考着国家之沉浮、政党之建设、民族之命运、军队之前途，形成了系统的中国化马列主义理论成果。《毛泽东选集》前四卷共 159 篇文章，其中 112 篇写于延安时期。党中央其他领导人在陕北的重要理论成果，也是中国化的马列主义理论成果的重要组成部分，其中收入《刘少奇选集》的 27 篇，收入《周恩来选集》的 37 篇，收入《朱德选集》的 27 篇。张闻天、任弼时、王稼祥也都撰写了大量理论文章。他们共同谱写出马列主义理论的中国化新篇章，形成了延安窑洞的马列主义——毛泽东思想。

二、从"假的马克思主义"到"真的马克思主义"

由于幼年时期的中国共产党及其领导者的革命理论准备不足，不会实事求是地分析中国的国情，不可避免地把共产国际的决议和苏联的经验神圣化、教条化，生吞活剥地运用到中国革命中来，把一般真理与革命实际割裂开来，从中抽象出人们无法准确把握和捉摸的单纯公式，犯了严重的教条主义错误。这样的马列主义者和"马列主义"，被毛泽东在七大上的口头政治报告中痛加批评，称其为"假马克思""死马克思""臭马克思"。正如俗话所说，光说不练假把式。所谓"假马克思"，是指一些人只知道贩卖马克思主义的词句，把他们装饰一番，打扮成一个高大上的样子，看起来十分豪华，

延安窑洞为什么能指挥全国抗日战争？

实际一点用处都没有。马克思主义从来就不是教条，这样做的结果便是华而不实，掏空了马克思主义的精髓，当然是"假马克思"了；因为僵化、教条，停留在文字表面，阻止了马克思主义发展的蓬勃活力，当然是"死马克思"了；因为教条地对待马克思主义，搞砸了中国革命的许多事情，名声自然渐渐臭了起来，他们掌握在手中的当然不是真正的马克思主义，是"假的马克思主义"。

所谓的"香的马克思主义"和"活的马克思主义"，就是延安窑洞里的马列主义，就是中国化的马克思主义。"马克思主义中国化"这个命题是毛泽东在1938年9月在党的六届六中全会所作的政治报告《论新阶段》一文中正式提出的。他在报告中强调指出，马克思主义是具体的而不是抽象的。说马克思主义是具体的，就是因为只有通过具体的民族形式，在中国就是通过中华民族特有的形式，才能把马克思主义应用到中国当时具体复杂的现实环境和具体生动的革命实践中去，抽象的马克思主义是无法与现实融合并得到应用的。中国共产党是伟大的中华民族的一个重要组成部分，每一个共产党员都与这个民族是血肉相连的，离开了中华民族和中国革命的这个特点来谈马克思主义，马克思主义就成为一个抽象的空洞的概念。正因为这样，推动马克思主义中国化，使它的每一实践活动环节都充分地表现出中国特色与中国气派，都是按照中国革命所具有的实际特点去应用它，也就成了全党亟须解决的重大问题。

在实践中，到底怎样才算实现了马克思主义中国化？正如毛泽东所说的，讲马列主义不能当背书匠，不能只是背诵马克思主义经典著作的词句。如果只知道背诵马列经典著作的具体词句，即使是从第一章到最后一章都背得烂熟了，甚至于可以倒背如流了，却完全不会应用，一用就出错，那这样的人能不能算是一个马克思主义的理论家呢？恐怕不能算，因为这样的"理论家"只会帮倒忙、只会添乱，所以这样的"理论家"还是少一点好，最好一个没有。我们所需要的理论家是这样的，他们能够灵活运用马克思列宁主义的基本立场、观点和方法，对中国历史中和中国革命中的具体问题给予科学解释，对中国经济、政治、军事、文化领域里的各种问题都能够进行科学阐释，都能从理论上进行说明。

能够对现实问题进行理论说明的理论，才是真正的马列主义理论。有一次，一些党员干部给解放日报写信，质疑为什么在共产党执政的边区，却迅速培养了一个剥削人民的阶层——新富农（如边区劳模吴满有，雇用一个长工、一个短工和一个放羊娃）。难道《共产党宣言》所说的消除阶级剥削和压迫，实现全体人民的平等不是共产党的执政目标吗？中央以答读者问的方式，在解放日报回复：边区实行的是新民主主义经济制度，允许多种所有制成分共存，允许有限的剥削存在。没有条件实行社会主义制度，只有等新民主主义革命胜利了，社会主义革命和社会主义制度才能进行。回信建议，如果还是无法理解这样的问题，可以多读几遍毛泽东同志的《新民主主义论》，提高自己的理论素养，从理论的高度真正理解正在发生变化的实际。延安时期的共产党人用新民主主义理论对人们面临的现实问题进行深入阐释的事实，充分证明《新民主主义论》就是延安窑洞里形成的、真正的中国化马列主义的典型代表。

延安时期，就在这些简陋的窑洞里，中国共产党人不断进行理论探索和实践总结，用马克思主义的基本理论指导中国革命实践，使二者有机结合起来，逐步形成了以实事求是、群众路线、独立自主为主要内涵的中国化的马列主义——毛泽东思想，真正解决了中国革命的思想路线、政治路线和工作路线问题，成为指导中国革命的行动指南，指引中国革命走向胜利。

三、延安的窑洞有马列主义的现实启示

习近平总书记在党史学习教育动员大会上强调："要教育引导全党从党的非凡历程中领会马克思主义是如何深刻改变中国、改变世界的，感悟马克思主义的真理力量和实践力量，深化对中国化马克思主义既一脉相承又与时俱进的理论品质的认识，特别是要结合党的十八大以来党和国家事业取得历史性成就、发生历史性变革的进程，深刻学习领会新时代党的创新理论，坚持不懈用党的创新理论最新成果武装头脑、指导实践、推动工作。"

· 结 束 语 ·

今天，我们重温"延安的窑洞有马列主义"这一历史话题，学习我们党在延安时期不断进行理论创新、实践创新，不断推进马克思主义中国化的进程，深刻认识到党的百年奋斗历史，就是马克思主义中国化的历史。新的历史条件下，我们要自觉高举习近平新时代中国特色社会主义思想伟大旗帜，把马克思主义基本原理同中国具体实际相结合、同中华优秀传统文化相结合，不断推进马克思主义中国化、时代化，为实现中华民族伟大复兴的中国梦贡献自己的力量。

延安窑洞对

许彦政

1945年7月初，中共领导人在延安机场迎接黄炎培等人（右起：毛泽东、黄炎培、褚辅成、章伯钧、冷遹、傅斯年、左舜生、朱德、周恩来、王若飞）

[引　言]

2012年12月，在与中国民主建国会中央主席陈昌智的谈话中，习近平总书记回忆起了20世纪40年代，毛泽东与中国民主同盟常委黄炎培先生在杨家岭窑洞里畅谈"跳出兴亡周期率"的情景，高度赞誉这次谈话对中国共产党的鞭策和警示作用，要求全体共产党员保持清廉自律的工作作风和生活作风。在此，和大家一起探讨当年毛泽东与黄炎培先生窑洞对的历史背景，陕甘宁边区民主政治的创新与成就，以及窑洞对的重要启示。

一、窑洞对的历史背景

窑洞对的
历史背景

1945 年夏天，抗日战争接近尾声，中国人民终于看到了胜利的曙光。然而抗战胜利后，中华民族能不能真正实现国家的独立与统一？能不能建立一个和平民主的共和国？前景并不是十分乐观。国共两党已经进行了多次谈判，但是因为国民党出尔反尔，缺乏诚意，使得两党的谈判常常陷入僵局，两党关系日趋紧张，中国内战一触即发。如果内战爆发，既影响争取抗战的最后胜利，又影响到战后国家的前途命运，因而使一直关心国家前途命运，关注国共两党关系发展的黄炎培、褚辅成等爱国民主人士感到非常担心。为此，褚辅成、黄炎培于 5 月下旬就约集参政会中与他们观点相同或相近的冷御秋、王云五、傅斯年、左舜生、章伯钧进行商讨，研究如何调解国共关系，促使两党恢复和谈。他们还与中共代表王若飞进行了初步接触、沟通，并将他们的想法告知当时国民参政会主席团主席王世杰及秘书长邵力子，并请王世杰、邵力子帮助联系蒋介石，以便直接听取他的意见。6 月 1 日，蒋介石在其官邸宴请褚辅成、黄炎培、冷遹、傅斯年、王云五等参政员。其间，褚辅成、黄炎培向蒋介石报告了他们为促成国共两党恢复和谈准备致电延安的想法，征询他的意见。蒋介石表示：他对此"无成见，诸君意如何，当照办"。

宴会结束后，褚辅成等便推黄炎培、傅斯年起草致延安毛泽东、周恩来电稿，并由邵力子转交张治中于6月6日发出。

6月16日，中共中央复电国民党高层："欢迎诸公专临延安赐教，扫榻以待，不尽欲言。"电邀黄炎培等到延安商谈国是。

1945年7月1日，国民参政员黄炎培等六位爱国民主人士（王云五因为生病未能成行）乘飞机从重庆抵达延安，毛泽东同朱德、周恩来、林伯渠等到机场迎接。

在为期五天的行程中，黄炎培一行走访了延安新市场、光华农场、日本工农学校等地方，陆续接待了在延安的新朋旧友，参加了中共党政军方面的招待宴请，并与中共领导人进行了三次正式会谈，黄炎培他们获悉了更多关于延安社会的深层信息。通过广泛的观察交流，黄炎培对延安有了全新的认识，这些新奇而美好的印象，深深地吸引了黄炎培的关注和思考。

7月4日，毛泽东在杨家岭的窑洞里接待了黄炎培，二人进行了长时间的亲切交谈。谈话过程中，毛泽东询问了黄炎培来延安的感受。

几天来的调查走访，黄炎培先生看到了陕甘宁边区在中国共产党的治理下，政治清明，军民团结，上下一致，一派生机勃勃景象，这与国统区贪污腐化、巧取豪夺、物价飞涨、民不聊生的局面形成鲜明对比，这使他深为震惊。在红色延安，他看到了民族的希望，看到了中国的未来，因而对毛泽东及他领导的中国共产党充满钦佩和信任。他兴奋地说："我认为你们实行的政策是切实有效的！"同时，出于对祖国的无限热爱，对人民的高度负责，黄炎培能更加深入更加理性地观察和思考中共执政下的延安。在毛泽东询问他对于延安的观感后，他没有正面回答，而是从中国社会历史发展规律和大势上提出自己的深深疑虑："我生六十多年，耳闻的不说，所亲眼看到的，真所谓'其兴也勃焉'，'其亡也忽焉'，一人，一家，一团体，一地方，乃至一国，不少单位都没有能跳出这周期率的支配力。大凡初时聚精入神，没有一事不用心，没有一人不卖力，也许那时艰难困苦，只有从万死中觅取一生。既而环境渐渐好转了，精神也就渐渐放下了。一部历史，'政怠宦成'的也有，'人亡政息'的也有，'求荣取辱'的也有。总之没有能跳出这周期率。中共诸君从过去到现在，我略略了解的了。就是希望找出一条新路，来跳出这一周期率的支配。"面对黄炎培的这种深切期望，毛泽东慨然答道："我们已经找到了新路，我们能跳出这一周期率。这条新路，就是民主。只有让人民来监督政府，政府才不敢松懈。只有人人起来负责，才不会人亡政息。"毛泽东与黄炎培关于如何跳出历史周期率的谈话，向世人提供了不朽的历史警策。这次谈话堪比东汉末年刘备三顾茅庐去襄阳隆中拜访诸葛亮时的对话，被人们赞誉为"窑洞对"。而毛泽东自信而简短的回答，深刻揭示了民主监督的重要性。

在那个激情燃烧的岁月里，由于中国共产党能够把握历史的进程，在延安树起了抗日救国大旗，从而激活了这片贫瘠的黄土地，使延安成了许许多多进步人士朝圣的地方。正如黄炎培在他的《延安归来》中所描述的一样：这里虽然物质极度贫乏，却洋溢着一种令人吃惊的热情。这里人人都洋溢着灿烂的笑容，人人都好似有使不完的干劲。在这里，无法区分谁是干部，谁是战士，谁是农民。因为他们一样穿着补丁摞补丁的衣服，称对方为"同志"。在家家户户的门前，都挂着一块简易的小黑板，上面写的都是居民们给毛主席和边区政府提的意见。小到乡里乡亲之间的小矛盾，大到对共产党怎样执政的建议，都写在上面，甚至直接称呼"毛泽东"其名的都有。自 1937 年党中央进入延安城以来，他们清明的政治思想和坚定的抗战主张，不光赢得了人民的拥护，也彻底地改变了生活在这片土地上人们的思想。

二、延安时期民主政治的创新与成就

（一）民主政治，落地有声

1937 年 5 月，党中央为了改善政治环境，在延安开始实行民主选举，制定的《陕甘宁边区选举条例》规定：除卖国者、依法被剥夺公权的犯罪分子、精神病患者以外，凡居住陕甘宁边区境内的人民，在选举之日年满 18 岁的，无阶级、职业、男女、宗教、民族、财产、文化之区别，都有选举权和被选举权。这一制度规范了当年陕甘宁边区民主选举制度的程序和内容，唤醒了人民群众参政、议政、主政的思想意识与政治热情。因为这种民主政治制度，其实就代表着你认可谁，就有权选举谁。由谁来当你的村长、乡长，真的由农民自己说了算，老百姓自然非常高兴。那时选民们曾用民谣来表达他们的心声："民主政治要实行，选举为了老百姓。咱们选举什么人？办事又好又公平。"

制度有了，怎么填写选票？陕北过去可是一片文化荒地，

延安时期民主政治的创新与成就

生活在这块贫瘠的土地上的人90%都不识字，连自己的名字都不会写，怎么可能填选票呢？边区政府通过实际调查，启迪群众智慧，充分发挥想象，集思广益，终于创造出了诸如画圈法、画杠法、投豆法、烧洞法等世界选举史上闻所未闻的投票方式。

在一些影视资料中，我们常常能够看到这样的画面：一群敦厚、朴实的农民们举行"豆选"，几位乡干部背后的条桌上各放着一只搪瓷碗，全村的成年村民每人手里攥着一颗黄豆。他们有的表情腼腆，有的一脸庄重，依次走过候选乡干部们的身后，如果同意谁，就把豆子放进谁身后的碗里。最后由得豆子最多的人当选。有的村民非常聪明，他们害怕别人知道自己投给了谁，就故意穿长袖的衣服，手在每个候选人的碗口都轻轻滑过，而豆子却只投给想投的人。这样做，旁边的人既看不清他投了谁的票，也听不见豆子入碗时那叮当的响声。

（二）精兵简政，共克时艰

1941年，陕甘宁边区为了加强根据地民主政权的建设，实行"三三制"建政原则，开展普选运动，陕北米脂县的无党派人士李鼎铭代表开明绅士被选为米脂县参议会议长，陕甘宁边区参议会参议员、副议长。

同年，在边区第二届第一次参议会上，李鼎铭再次当选为陕甘宁边区政府副主席。在就职演说中，他对自己的思想作了诚恳的自我解剖，提出了《政府应彻底计划经济，实行精兵简政主义，避免入不敷出、经济紊乱之现象案》。毛泽东对这个提案十分重视，当即写了批语："这个办法很好，恰恰是改造我们的机关主义、官僚主义、形式主义的对症药。"在毛泽东的支持下，经过议员们充分讨论，最后通过了精兵简政的决议。精兵简政政策不但在陕甘宁边区实行，还推广到敌后各个抗日根据地，对于我党战胜困难、提高工作效率起了积极作用。

（三）减租减息，平均地权

1939 年 4 月 4 日，陕甘宁边区政府第一届参议会会议通过《陕甘宁边区土地条例》，明确规定："确定土地私有制，人民经分配所得之土地，即为其私人所有。"同时还推出减租减息、鼓励垦荒等一系列抗日战争时期的土地政策。这些政策使依附于土地生存的农民实现了耕者有其田的夙愿，给人民群众带来了实实在在的物质福利。农民们自己辛辛苦苦耕种出来的粮食再也不用交给地主了，以往庄稼人被饿死的情况再也不会有了，这一政策大大地调动了人民群众的劳动热情。同时为了吸引和安置移民，边区政府还制定了各种优惠政策，明确划分移民开垦区，设立移民站，负责接待安置移民。这使得不只陕北的榆林地区，远到山西、河南等地的农民纷纷离开国统区，来到了共产党执政的延安。

（四）民主政治，硕果累累

中共在陕甘宁边区实行民主政治，使陕甘宁边区政治、经济、文化等方面都得到蓬勃发展，陕甘宁边区成为全国民主政治的模范区域，从国统区前来参观的中外人士无不连连称赞。当时国统区的著名法学家陈瑾昆教授曾这样概括延安风貌："无论上层领袖、下级干部、政治见解、经济措施、行政效能、人员真挚（工作紧张、无官僚习气、无贪污情形）、军队训练、士兵精神、教育普通、文化提高、金融巩固、异负减轻、秩序安定、盗匪绝迹（夜不闭户且警察极少）、生活向上（乞丐绝迹）、民主发达、乡村自治、官兵合作、官兵互爱、奖励生产、组织民众、加强自卫等任何点考察，均觉共（共产党）与国（国民党）有天壤之别。两句结论：解放区虽非天堂，则非解放区则确为地狱。"

在党的各项民主政治建设政策中，首先，最为突出的成果就是在抗日根据地政权中实行了"三三制"。针对抗日根据地政权中共党员占多数的现象，中共中央明确规定抗日民族统一战线政权中的人员分配原则为"三三制"，即共产党员占三分之一，非党的左派进步分子占三分之一，不左不右的中间派占三分之一。这个制度的设计和实施有效调动了各党派、无党派的各阶层人士精诚团结，共克时艰。其次，尊重和保障了人民的民主权利。1941年5月1日，中共中央政治局批准公布的《陕甘宁边区施政纲领》，明文规定："保证一切抗日人民（地主、资本家、农民、工人等）的人权、政权、财权及言论、出版、集会、结社、信仰、居住、迁徙之自由权"。1942年，边区政府又公布了《陕甘宁边区保障人权、财权条例》，以法律的形式对人民的各项民主权利加以保障。第三，树立了廉洁政府的形象。黄克功案等的处理结果，无不彰显出共产党在陕甘宁边区执政时期的一身正气，两袖清风，以此赢得了广大人民群众的无比信赖。

1940年2月1日，毛泽东在延安民众声讨汪精卫大会上发表了题为《团结一切抗日力量，反对反共顽固派》的讲演。毛泽东指出："陕甘宁边区是全国最进步的地方，这里是民主的抗日根据地。这里一没有贪官污吏，二没有土豪劣绅，三没有赌博，四没有娼妓，五没有小老婆，六没有叫化子，七没有结党营私之徒，八没有萎靡不振之气，九没有人吃磨擦饭，十没有人发国难财，为什么要取消它呢？"大力推进民主政治建设，使人民获得广泛的民主权利，充分展示出中共在陕甘宁边区执政的民主形象。

三、窑洞对的重要启示

对于黄炎培先生提出"历史周期率"的问题，毛泽东已经用行动给出了答案。纵观历史，周武王姬发为民请命举兵伐纣，实行分封制，建立宗法秩序，奠定周王朝 800 年的基业。但他的后代周幽王却为博得褒姒一笑，烽火戏诸侯，把江山社稷丢得干干净净。明朝开国皇帝朱元璋自幼贫苦，深知贪官污吏的残酷剥削，以及苛捐杂税给百姓带来难以承受的负担，他自上任起就惩贪治腐，立法规定贪污 60 两银子以上一律枭首示众、剥皮充草。然而到了明末，宦官奸佞当道，万历皇帝在位 48 年中有 30 年不问朝政，明熹宗热衷于木匠雕刻，还以鲁班再世自居。待到崇祯上位时，虽鸡鸣而起，夜分不寐，殚精竭虑，但面对支离破碎的大明帝国无力回天。与明朝相比较，大清帝国的 12 位皇帝都能够勤于朝政，厉行节约，清帝国疆域辽阔、国力强大、人口增长，GDP 几乎占到世界的 1/3，但由于他们缺乏忧患意识，狂妄自大、思想保守、不思变革、闭关锁国，致使清帝国统治江河日下，最终被列强的坚船利炮摧毁，令后人扼腕长叹。透过尘封的历史，我们不难发现，历代王朝走向灭亡的原因，往往是在大业初定时，无论帝王还是官员，大多能够励精图治；在国力兴盛时，在安逸舒适的环境里

窑洞对的
重要启示

101

逐渐忘掉了初衷，脱离实际，为了一己私利对国家利益、对老百姓死活不管不顾，腐败昏庸，最终造成无法挽回的败局。

在此，不能不提到苏联共产党。苏共在拥有35万党员的时候赢得了政权，在完成第二个五年计划时一跃成为世界第二强国，却在20世纪90年代初期却丧失了执政地位。这中间的原因非常复杂，但苏共背弃人民、腐败堕落，是国际政治研究者公认的主要原因。人心向背直接决定了一个政权的生死存亡，苏联亡党亡国的教训值得我们时刻谨记。

习近平总书记指出，历史是最好的教科书。当一个国家，一个党派丢掉了创业之始的艰苦奋斗，抛弃了信仰背离了人民，而沉湎于纸醉金迷的生活，对事业敷衍塞责，对人民横征暴敛，那么他的败局就已经注定了。

今天，再度回味70多年前毛泽东与黄炎培探讨政权"兴勃亡忽"的对话，分析古往今来朝代兴衰，旨在铭记历史教训，如履薄冰，牢记初心使命，干好本职工作。有三点启示供参考。

第一，坚持廉洁从政，保持共产党人清正廉明的政治本色。延安时期，共产党的领导干部和战士们不拿群众一针一线，我党正是靠这种廉洁自律、克己奉公、一心为民的政治本色赢得了民心，推翻了帝国主义、封建主义、官僚资本主义的统治，建立了新中国。现在虽然物质生活条件好了，社会稳定祥和了，艰苦奋斗的优良作风、廉洁奉公的政治操守渐渐地被某些党员干部所忽略所忘却，铺张浪费，奢靡之风有所抬头。因此，"全党同志要深刻认识反腐败斗争的长期性、复杂性、艰巨性，以猛药去疴、重典治乱的决心，以刮骨疗毒、壮士断腕的勇气，坚决把党风廉政建设和反腐败斗争进行到底"。这表明了以习近平同志为核心的党中央决心狠抓党内廉政建设的决心和意志，不以权势大而破规，不以问题小而姑息，不以违者众而放任，不留"暗门"、不开"天窗"，坚决防止"破窗效应"。各级领导干部特别是高级干部要从自身做起，廉洁用权，做遵纪守法的模范，任何人都不要心存侥幸心理。

第二，增强忧患意识，居安思危。当今的中国是世界第一大出口国，GDP 高居世界第二。2018 年嫦娥四号探测器成功发射，第二艘航母成功下水，2020 年现行标准下 9899 万农村贫困人口全部脱贫。强国建设、民族复兴正在紧锣密鼓地进行之中。然而，国际上的一些势力却始终在刻意制约着中国的发展。一些口头上高喊平等、博爱的西方国家，始终没有放弃对我国在经济、科技、军事方面的遏制和打压，始终没有停止对我国政治、思想、文化、舆论等领域的围剿。一个人的命运，和自己的国家是紧紧联系在一起的，皮之不存，毛将焉附？我们更应该珍惜如今来之不易的幸福生活，时刻保持对于历史周期率"兴勃亡忽"的警惕。人人都努力奋斗，在自己的行业和领域里为中国的发展添柴加火，这样才能使中国这艘大航船冲过历史周期率的旋涡。

第三，坚持人民当家作主，实行切实有效的民主监督。延安时期中国共产党在这一点上做得很好，值得我们今天认真总结和继承。毛泽东对于黄炎培的疑问，给出的答案就是让人民来监督政府。全心全意为人民服务一直是我党的根本宗旨，替人民发声，为人民谋生存谋福利是每一个共产党员的光荣使命。党的十八大以来，习近平总书记多次深入偏远的贫困山区体察民情，与农民朋友们面对面地交流。我们广大的党员领导干部也应当深入到人民群众中，到基层去，倾听人民的心声，了解百姓的生活。不讲空话套话，真正把人民对美好生活的向往，作为我们的奋斗目标。

习近平总书记在 2019 年元旦的新年贺词中讲道："人民是共和国的坚实根基，人民是我们执政的最大底气"。在 2020 年春节团拜会上，习近平总书记点出了开展"不忘初心、牢记使命"主题教育的目的："督促 9000 多万名共产党员时刻牢记，人民是历史的创造者，人民是我们力量的源泉，要始终以百姓心为心，始终与人民同呼吸、共命运、心连心。"沧海桑田，时光流转，中国共产党能否跳出历史周期率，这个答案有待我们中国共产党党员以铁一般的意志，坚定不移的决心，站在人民的立场，矢志不渝、坚守如初。

· 结 束 语 ·

历史周期率是永远的警示。我们要铭记毛泽东和黄炎培延安窑洞对，以赶考的警觉、警惕、警醒自己、勉励自己，在人民民主监督下永远做人民的勤务员。

划时代的文艺盛会

惠海云

中共中央办公厅旧址

[引 言]

　　坐落在杨家岭的中共中央办公厅，是一座三层办公楼。从高处看，它的造型很像一架飞机，因此人们常叫它"飞机楼"。

　　1942年5月2日至23日，延安文艺座谈会在"飞机楼"一层的会议室召开。延安文艺座谈会是中国共产党当时开展全党整风运动的一个组成部分。毛泽东《在延安文艺座谈会上的讲话》，针对五四文学革命以后，特别是20世纪30年代革命文学运动以后文艺发展的实际状况，提出了革命文艺的服务对象和如何服务、文艺与生活的关系、文艺与政治的关系、普及与提高的关系等重大原则问题，把马克思主义文艺理论与中国实际的文艺运动、方针、政策结合起来。座谈会的召开，使文艺工作者明确了方向，他们深入实际、深入工农兵斗争生活，创作出一批优秀的文艺作品，中国文学艺术进入一个新阶段。让我们重温这次盛会，汲取精神营养。

中共中央一贯高度重视革命文艺工作，希望能够更好地运用文艺宣传"团结人民、教育人民、打击敌人、消灭敌人"。为了进一步明确文艺的发展方向、服务对象、服务方法等问题，中共中央于1942年5月2日、5月16日、5月23日在延安杨家岭中央办公厅分三次召开了文艺座谈会，有百余名文艺工作者和中央各部门负责人参加。

《在延安文艺座谈会上的讲话》是毛泽东5月2日第一次座谈会所作的引言和5月23日第三次座谈会上所作的结论的汇集。《在延安文艺座谈会上的讲话》是五四运动以后，特别是中国共产党成立后有关新文艺争论所涉及的各种问题的全面总结，成为马克思主义文艺理论发展过程中划时代的光辉文献。

下面，我们一起回顾延安文艺座谈会召开的历史背景、文艺座谈会的主要内容、文艺座谈会的意义及现实启示。

一、延安文艺座谈会的历史背景

（一）凝聚力量，夺取抗日战争全面胜利的需要

从 1938 年抗日战争进入相持阶段后，日本帝国主义调整侵华战略，对国民党采取"政治诱降为主，军事打击为辅"的方针，集中主要兵力进攻八路军、新四军和共产党所领导的抗日根据地。由于日本对华政策的调整，国民党对共产党的态度发生了变化，开始消极抗日积极反共。1939 年 1 月，国民党召开五届五中全会，制定了"溶共、防共、限共、反共"的政策，先后掀起了三次反共高潮。这就致使共产党及其领导的解放区面临内忧外患的严重局面。因此，要战胜敌人，既要依靠手里拿枪的武装军队，还要依靠手里握笔杆子的文化军队，去宣传人民、团结人民、壮大力量、战胜敌人。

延安文艺座谈会召开的历史背景和筹备工作

全面抗战以来，在中国共产党全面抗战路线的感召下，海内外大量的知识分子、作家和艺术工作者，历经千难万险来到延安，投入民族解放战争的洪流之中。延安被认为"不但在政治上而且在文化上作中流砥柱，成为全国文化的活跃的心脏"。1938 年 9 月，陈云的一次演讲生动地描述："十年以来，人心大变，不管男女老少，都不怕艰苦，不远千里而来延安。"奔赴延安及各个革命根据地的优秀人才很快成立了各类文艺团体，还出版多种文艺刊物为抗日救国凝聚民心。群众文艺活动蓬勃发展，各地都组织了农村剧团，编演反映根据地军民生活和斗争的戏剧。

（二）统一思想，坚定革命文艺正确发展方向的需要

文艺活跃起来了，但是当时革命队伍中普遍存在小资产阶级思想问题。1941年随着一系列军事危机、经济危机的化解，党中央腾出手来在全党进行马克思主义中国化教育的延安整风运动，确保文艺为抗日战争服务，为建设新民主主义文化服务。

整风运动之前，延安文艺界相当多的作家、艺术家从四面八方来到根据地，他们中间存在着宗派主义、自由主义、脱离群众、轻视工农兵等非马克思主义的错误倾向。他们有的不熟悉工农兵生活，不懂工农兵的语言，在文艺创作方面所采用的文学形式与工农兵群众在艺术趣味和欣赏习惯等方面存在隔阂。文人们与毗邻而居的农民老死不相往来。有一次，鲁艺师生在桥儿沟礼堂里排戏，老乡们趴在外面的窗台看，看不懂。有人讽刺道："戏剧系装疯卖傻，文学系净写胡话，音乐系呼爹喊娘，美术系画他爸爸！"

曾在鲁艺文学系任教的著名作家严文井曾回忆说："学校四周住的都是农民，但我们却不同农民往来。除了有时候向他们买西红柿和甜瓜，才同他们当中的一两个人说说话。""我们每个人都自以为自己是艺术家。农民当然入不了我们的眼，我们彼此高谈阔论，上下古今，天南海北。农民算什么呢？他们没有文化，啥也不懂，身上只有虱子。于是我们有的人坐在窑洞里，就写自己五年以前或十年以前的爱情。"

朱德总司令在延安文艺界的一次集会上说："打了三年仗，可歌可泣的故事太多了。但是好多战士英勇牺牲在战场，还不知道姓张姓李，这是我们的罪过，而且还是你们文艺人的罪

过。"他号召"前方的枪杆子与后方的笔杆子亲密地联合起来"。所以怎样克服文艺脱离实际的弱点，怎样处理歌颂光明与揭露阴暗的关系，怎样看待文艺与政治的关系，都成为亟待解决的时代课题。

（三）总结升华新文化运动以后的新文艺历史经验的需要

1915 年的新文化运动，使研究宣传马克思主义成为时代风尚。20 世纪 30 年代左翼文艺运动蓬勃发展，苏区工农群众文艺风生水起，解放区新生事物不断涌现，以揭露国民党右派倒行逆施，讴歌时代英雄，服务人民群众成为新文艺发展的主流。毛泽东敏锐地观察到这一方向，并将其理论化地表述为"中华民族新文化的方向"。文艺座谈会就是顺应时代潮流，在新文化运动以后革命文艺变迁的历程中总结新文艺的历史经验。

二、延安文艺座谈会的主要内容

（一）延安文艺座谈会的准备阶段

在整风运动中，毛泽东在中共中央分管文艺工作。他注重调查研究。1942 年春，毛泽东先后约谈了丁玲、周扬、艾青、萧军、塞克、何其芳、周立波等 20 多位文艺界名人，了解文艺界情况。他还多次写信给萧军、艾青等征求意见，共商文艺的方针、性质、服务对象等问题。

1942 年 4 月 10 日，毛泽东在中共中央书记处工作会议报告中提及"延安文艺界存在的与革命工作不协调的问题"，并提议召集延安文艺界人士座谈。会议讨论并通过这一提议，决

延安文艺
座谈会的内容、
意义及现实启示

定以毛泽东、凯丰（何克全）的名义召集延安文艺界人士召开座谈会。

中央书记处工作会议后，毛泽东安排周扬、舒群和肖向荣三人分别草拟鲁迅艺术学校、延安作家、部队文艺工作者参会名单。4月27日，由中央办公厅向100多名文艺工作者发出由毛泽东、凯丰签名的请柬：为着交换对于目前文艺运动各方面的问题的意见起见，特定于5月2日下午一点半在杨家岭办公厅一楼会议室内开座谈会，敬希届时出席为盼。

（二）延安文艺座谈会的召开

第一次会议，1942年5月2日下午一点半，在杨家岭中央办公厅一楼会议室召开，百余位文艺工作者代表和中央有关领导参加座谈会。毛泽东开宗明义地发表讲话："同志们！今天邀集大家来开座谈会，目的是要和大家交换意见，研究文艺工作和一般革命工作的关系，求得革命文艺的正确发展，求得革命文艺对其他革命工作的更好的协助，借以打倒我们民族的敌人，完成民族解放的任务。"他讲道："我们有两支军队，一支是朱总司令的，一支是鲁总司令的，这两支队伍过去是配合作战的。"并指明文化的军队是"团结自己、消灭敌人必不可少的一支军队"。随后，他根据文艺工作本身的任务和延安文艺界的状况，提出应该解决的以下几个问题，即：文艺工作者的立场问题、态度问题、工作对象问题、工作问题和学习问题，供大家讨论。这些问题关系到革命文艺的发展，需要当时及早解决。

会场气氛活跃，发言者各抒己见、畅所欲言。当过炮兵的萧军放了"第一炮"，意思是作家要有"自由"，作家要"独立"。

胡乔木反驳说："文艺界需要有组织"。丁玲发言："文艺到底应该以歌颂为主呢，还是以暴露为主呢？我想，对于光明的、进步的，当然应该给以热情讴歌；但对黑暗的阻碍进步的现象，我们决不能放下武器，袖手旁观，应该无情地暴露它。"何其芳进行的自我批评，在座谈会上备受关注。一些参会文艺工作者纷纷发表各自见解。紧接着开始了分组讨论，为下一次大会做准备。

第二次会议，5月16日上午（星期六）召开。这次会议发言人多，争论激烈。整天时间毛泽东都在认真听取大家的发言，不时地做着笔记。从前方来到延安的八路军一二〇师战斗剧社社长欧阳山尊，根据自己几年来在前线和农村工作、学习的体会，讲了前线和敌后群众对于文艺工作的迫切需要，呼吁延安的文艺工作者到前方去。把讨论的重点聚焦在为群众服务、与群众相结合的问题上。陕甘宁边区民众剧团负责人柯仲平讲民众剧团在农村演出《小放牛》受欢迎的盛况，说"我们离开村子的时候，老百姓送我们很多吃的东西，只要顺着鸡蛋壳、花生壳、红枣核多的那条路走，就可以找到我们"。毛泽东高兴地打趣："你们如果老是《小放牛》，以后就没有鸡蛋吃了。吃了群众的鸡蛋，可要好好为他们服务啊！"

争论下去自然不是办法，总要有个结论。为此，5月21日，中共中央政治局召开会议，专门讨论文艺座谈会的问题。毛泽东向中央汇报了文艺座谈会的情况，也介绍了他准备给座谈会作结论的大致内容。他还明确地提出，延安文艺界的小资产阶级自由主义很浓厚，整风的性质是无产阶级和小资产阶级的作战。

第三次会议，5月23日下午召开，是文艺座谈会最后一次大会，气氛更加热烈。先是由与会者发言，会议在临近下午讨论结束时，朱德总司令针对前两次会议讨论中出现的观点发言。他提出了自己的看法："要看得起工农兵，中国第一、世界第一，都得由工农兵批准；不要怕说'转变'思想立场，不但要转变，而且是投降，自己就是从一个旧军人投降共产党的。""八路军、新四军为了国家民族流血牺牲，既有功又有德，为什么不该歌？为什么不该颂？"他说："有人引用李白'生不用封万户侯，但愿一识韩荆州'的诗句，现在的'韩荆州'是谁呢？就是工农兵。"

接着，参加座谈会的艺术工作者们先后有数十人积极发言，气氛十分热烈。下午休息时，摄影家吴印咸为大家照完集体合影。晚饭后，由于听报告的人越来越多，礼堂内特别拥挤，就将会场移到室外广场，工作人员临时用三根木椽支成一个三角形架子，挂上汽灯。毛泽东做了总结讲话。在煤油灯下，毛泽东慢条斯理却气势磅礴地作了总结："同志们，还有要发言的吗？如果没有了，我就作总结……我对文艺是小学生，是门外汉，向同志们学习了很多。前两次的会是我出题目，大家做文章，今天是考我一考，大家出题目要我做文章，题目就叫'结论'。""朱总司令讲得很好，他已经做了结论。中央的意见是一致的，有些问题我再讲一点。什么是我们的中心问题呢？"

毛泽东把问题归结为"一个为群众的问题和一个如何为群众的问题"。他指出："我们的文学艺术都是为人民大众的，首先是为工农兵的，为工农兵而创作，为工农兵所利用的。"他说："这是个原则问题、根本问题。"围绕这个问题，他还阐述了文艺的源与流的关系、普及与提高的关系、文艺与政治的关系、文艺批评的政治标准与艺术标准的关系。在结论中，毛泽东还根据先前调查了解到的情况和三次座谈会上与会者的发言，具体分析和批评了延安文艺界存在的八种观点。毛泽东在讲话中号召："有出息的文学家艺术家，必须到群众中去，必须长期地无条件地全心全意地到工农兵群众中去，到火热的斗争中去"。

三、《在延安文艺座谈会上的讲话》的意义

延安文艺座谈会通过有领导、有计划、有步骤的会议形式，解决了文艺的革命方向问题；并在思想上、政治上、组织上对文艺界同志深入开展了马克思主义教育。座谈会解决了中国无产阶级文艺发展中的理论和实践问题：一切从实际出发，理论联系实际，实事求是。

（一）推动了各个根据地文艺事业的发展

延安文艺座谈会后，文艺工作者统一了思想。思想上重视与工农兵相结合，行动上积极深入到工农兵的生活和工作中去，向工农兵学习。他们参加和指导群众的文艺活动，积极投身于抗日革命宣传工作，创作了大量具有时代意义的优秀作品，丁玲的《太阳照在桑干河上》和周立波的《暴风骤雨》两部长篇小说都获得了斯大林文学奖。李季创作了民歌体叙事长诗《王贵与李香香》，贺敬之和丁毅执笔创作了民族新歌剧《白毛女》，新民歌《东方红》《绣金匾》《高楼万丈平地起》等也广受欢迎。延安文艺运动真正发挥了团结人民、教育人民、战胜敌人的重要作用。

（二）丰富发展了马克思主义文艺思想

周扬在《马克思主义与艺术》序言中指出：《在延安文艺座谈会上的讲话》指出了革命文艺的新方向。这是对马克思主义科学和文学艺术政策的最通俗和具体的概括。讲话是在对马克思主义与中国革命实际结合的规律总结的基础上，准确地表述了反帝反封建的新民主主义文艺的正确方针。《在延安文艺座谈会上的讲话》不仅仅是简单的文艺理论问题，而是马克思主义理论同中国文艺理论相结合，实现马克思主义的民族化、科学化、大众化，从理论上阐述和说明了其成为马克思主义文艺理论经典著作的缘由。

（三）厘清了文艺与政治的关系

讲话固然是以"文艺"为讨论的对象，但相对于那个抗日战争的革命形势来说，"文艺"充当的是媒介的形式，所以问题的出发点应在革命形势背景下的历史任务的完成。眼前的抗战革命形势又是民族解放的关键一环，"人民当家作主"又必成为民族解放任务的政治前景，所以文艺存在的是能否承担起民族解放进而实现"人民当家作主"的历史任务要求的问题。在其历史意义上来说，它讲清楚了"政治"就是"人民群众当权"的历史进程，只要这一历史进程没有中断，其中关于"文艺服务于政治"的规定也就永不过时。

（四）引领了新时代文艺发展潮流

郭沫若说："人民是文艺的真正主人、真正老师。今后我们的新文艺，就是需要把人民当作老师，作为主人。为人民大众彻底服务，向人民大众学习一切，要和人民大众保持密切的关系。"在新民主主义革命时期，文艺工作发挥了积极重要的作用。新民主主义革命文化思想得到极大发展，真正体现新民主主义文化的民族性、大众性、科学性。

同样，在社会主义革命和建设阶段，延安文艺座谈会的文艺方针也始终指导我党的文艺工作。1949 年 7 月，全国文学艺术工作者代表大会提出了新中国的文艺方向要贯彻《在延安文艺座谈会上的讲话》的精神；1979 年 10 月，邓小平在《在中国文学艺术工作者第四次代表大会上的祝词》中提出要加强和改善党对文艺的领导，重申了毛泽东的文艺为最广大的人民群众服务的文艺方针。进入新时代后，2014 年 10 月 15 日，习近平总书记在文艺工作座谈会上的讲话中指出，实现"两个一百年"奋斗目标，文艺的作用不可替代，文艺工作者大有可为。

在 2019 年 3 月 4 日的全国政协十三届二次会议的文化艺术界、社会科学界委员联组会上，习近平总书记提出了四点希望：希望文化文艺工作者、哲学社会科学工作者坚持与时代同步伐、坚持以人民为中心、坚持以精品奉献人民、坚持用明德引领风尚。

四、《在延安文艺座谈会上的讲话》的现实启示

讲话奠定了革命文艺发展的理论基础，确定了党的文艺工作的基本方针，指导并推动了党领导的文艺事业的蓬勃发展，这对于在新的历史条件下，推动社会主义文化事业的繁荣发展具有重要的启示意义。

（一）文艺工作首先要服务于中国共产党的治国理政的大局

文艺是不可能脱离政治的。中国特色社会主义制度是根植中国大地、具有深厚中华文化根基、深得人民拥护的制度。文艺工作者要同党中央保持高度一致，坚决拥护以习近平同志为核心的党中央权威和集中统一领导，贯彻宣传党的路线方针政策。"为时代画像、为时代立传、为时代明德"。深刻反映新时代的历史巨变，描绘新时代的精神图谱，振奋民族精神，激发团结奋进的磅礴力量。

（二）社会主义文艺工作者要铭记初心服务人民

2019 年 3 月 4 日，习近平总书记看望文化艺术界政协委员时指出，"搞清楚为谁创作、为谁立言，这是一个根本问题"。"文艺要服务人民"，这是马克思主义者一贯的鲜明态度。对于文艺工作者来说，将个人的艺术追求、艺术理想同国家前途、民族命运、人民幸福紧密结合，用积极的文艺歌颂人民。坚持中华优秀传统文化的创造性转化、创新性发展，高擎民族精神火炬，吹响时代前进号角，把艺术理想融入党和人民事业之中，做到胸中有大义、心里有人民、肩头有责任、笔下有乾坤，推出更多展现人民奋斗、振奋民族精神、陶冶高尚情操的优秀作品，为中华民族伟大复兴的中国梦提供强大精神力量。

（三）文艺创作要自觉关注时代，把握时代特征

讲话阐明了文学艺术应该服从和服务于党在一定历史时期内的革命任务。在新的历史条件下，在伟大事业、伟大梦想、

伟大斗争、伟大工程的波澜壮阔的伟大实践中，文艺创作只有把握时代特征，融进时代元素，弘扬时代主旋律，才能与时俱进地适应和满足人民群众的精神需求。文艺工作者只有准确把握我国社会主要矛盾变化中人们精神文化生活的新期待，新常态下经济发展的新要求，文化发展的新趋势，才能在全面建设社会主义现代化国家新征程中、在科学发展道路上开创社会主义文化建设新局面。

· 结 束 语 ·

不仅仅是文艺工作者，每一位共产党员都应该明确立场，明确服务对象和服务方法；不局限于文艺工作，全党的革命工作都要坚持一切从实际出发，理论联系实际，实事求是。每个普通的劳动者都要投身于社会主义先进文化的建设中，成为中华民族伟大复兴的推动者、建设者。

决定中国命运的六届六中全会

何振苓

中共六届六中全会主席团成员合影。前排左起：康生、毛泽东、王稼祥、朱德、项英、王明；后排左起：陈云、博古、彭德怀、刘少奇、周恩来、张闻天

[引 言]

在抗日战争即将进入相持阶段的紧要关头，中共中央于1938年9月29日至11月6日，在延安桥儿沟天主教堂内召开了扩大的六届六中全会。虽然适逢

武汉会战、中日双方激战正酣，抗战形势严峻而紧迫，但仍有 17 名中央委员、39 名中央各部门和来自全国各地区的负责人参加会议。这是自 1928 年中共六大以来，会期最长、到会人数最多的一次会议，是一次关乎中国前途命运的中央全会。

一、六届六中全会召开的历史背景

（一）武汉会战以后抗战形势的新变化

从卢沟桥事变至六届六中全会，全面抗战已进行了 15 个月。其间，日本侵略者大举南下，战线逐渐拉长，兵力日益分散，占领大半个中国后，管理沦陷区力不从心。加之 1938 年 6 月至 10 月的武汉会战，日本法西斯投入兵力 40 多万，日军伤亡超过 20 万人。日本是一个小小的岛国，人力、军力、物力、财力有限，将无力再组织大规模的军事会战，必将调整对华政策，抗日战争将进入新阶段。中国共产党迫切需要制定新政策，应对新变化；总结全面抗战以来对敌斗争的经验教训；明确中国共产党确立在统一战线中的地位，解决思想统一问题；确立毛泽东在党内的核心地位，统率全党，凝聚力量，为抗战胜利奠定基础。

六届六中全会召开的历史背景

（二）回顾中国共产党 17 年的探索历史

从 1921 年至 1938 年六届六中全会，中国共产党历经 17 年的艰难探索。因为年轻的中国共产党理论准备不足，缺乏对敌斗争经验，不能灵活地将共产国际的指示与中国具体实际相结合，几乎使中国革命陷于绝境。1935 年遵义会议，结束了以博古为代表的"左"倾教条主义路线在中央的统治，事实上确立了毛泽东在党和红军的领导地位，挽救了党，挽救了红军，挽救了中国革命，在中国革命生死攸关的重要时刻发挥了关键作用。遵义会议虽然解决了党内急需解决的军事问题，但是，中央的政治路线问题、党内长期存在的组织建设问题还没有彻底解决。1935年10月党中央、中央红军落脚陕北后，毛泽东时常针对中国革命的一系列重大问题进行积极思考。

（三）纠正王明在抗战初期的右倾投降主义错误

1937年11月29日，王明以中共驻共产国际代表和共产国际政治书记处候补书记的身份回到延安。张闻天、毛泽东等中共领导人冒着大雪前往延安机场迎接。毛泽东发表了名为《饮水思源》的欢迎词，说王明是昆仑山下来的神仙，是马克思送来的天兵天将，是全党的幸运。

王明回到延安后，中共中央先后召开了两次政治局会议。一次是1937年12月召开的十二月会议，王明在会上传达了莫斯科关于中国抗战的新指示，提出"一切经过统一战线，一切服从统一战线"的右倾主张；另一次是1938年3月召开的政治局会议，王明否定了洛川会议制定的在统一战线中坚持独立自主的政治原则和山地游击战略，提出"七个统一"，实质是将八路军的指挥权交给国民党。可是，当时共产国际对中国抗战的实际情况尤其是中国共产党领导人民浴血奋战的情况不了解，那时国民党的正面战场又节节败退。如果按照王明的办法，等于共产党要放弃对抗战的领导权，将抗战胜利的希望寄托在国民党身上。由于王明的特殊身份，他的错误言论在党内造成了一定的影响。在三月政治局会议上毛泽东据理力争，双方争执不下，全会没有形成决议。会议决定派任弼时赴莫斯科，向共产国际汇报中国抗战形势、抗日民族统一战线状况、共产党的抗战路线等问题。在苏联，任弼时与时任中共驻共产国际代表团团长王稼祥一起向共产国际递交了长达15000字的书面报告，反复强调毛泽东善于把马列主义普遍真理与中国革命的具体实践相结合，领导中国共产党取得一个又一个的胜利。毛泽东的正确为实践所证明，只有毛泽东才是中国共产党的领袖。

十二月会议闭幕不久，王明前往武汉主持长江局工作。其间，王明未经中央同意擅自发表《中国共产党对时局宣言》，推翻了洛川会议制定的全面抗战路线；借用毛泽东的名义发表公开谈话；以中共七大筹备委员会书记的身份，独自拟定中共中央委员名单，并转往延安。王明把长江局凌驾于书记处之上，藐视中央权威，给全党带来了极大的思想混乱。由于王明对中央正确路线的干扰，遵义会议以后形成的以毛泽东为代表的中共中央的正确路线难以贯彻执行。毛泽东曾经这样描述当时的尴尬处境："十二月会议我是孤立的，我的命令出不来这个窑洞，只有持久战、游击战、统战原则下的独立自主等原则问题，我是坚持到底的。"

1937年秋天，毛泽东发表了《实践论》和《矛盾论》；1938年5月，发表了《论持久战》。这些光辉著作总结全面抗战以来的经验教训，系统地阐述了党在抗战时期的政治路线、军事路线和思想路线，为夺取抗日战争胜利指明方向。

1938年4月，刘亚楼带着毛泽东的《实践论》《矛盾论》等著作，交给共产国际执委会主席季米特洛夫，请其转呈斯大林。为此，共产国际专门召开会议研究中国抗战问题，经过执委会主席团讨论，6月11日，作出《关于中共代表报告的决议》，指出中共中央的政治路线是正确的，是在复杂环境及困难条件下真正运用了马列主义；声明完全同意中国共产党的政治路线。

7月，中共驻共产国际代表王稼祥回国前，季米特洛夫再三嘱咐王稼祥："在中共领导机关中要在毛泽东同志为首的党中央领导下，造成亲密团结空气，要告诉全党应该支持毛泽东同志为中国共产党的领导人，他是中国革命实际斗争中锻炼出来的领袖，其他人如王明，就不要再争当领导人了。"

8月，王稼祥带着共产国际的新指示回到延安。9月14日至27日，中共中央召开六届六中预备会议。王稼祥首先传达了共产国际的新指示和季米特洛夫的意见。预备会议决定由毛泽东代表中央政治局作六届六中全会政治报告，为形成以毛泽东为核心的党的领导集体提供了条件。

二、六届六中全会的核心内容

（一）通过毛泽东《论新阶段》的政治报告

六届六中全会的基本内容及重要意义

报告总结了抗战以来的对敌斗争经验教训，基本克服了王明的右倾错误，统一了全党的思想，指明中国共产党在民族战争中的地位。

一是坚持全面抗战，巩固和扩大抗日民族统一战线。正确的统战方针应该是既统一又独立，在统一战线的原则下实行有团结、有斗争，以斗争求团结，积极发展进步力量，争取中间势力，反对顽固势力的破坏行为。冲破国民党的限制，独立自主地发展革命力量，赢得抗日战争最后胜利。

二是坚持持久抗战路线。中国抗战最后是必然胜利的，但必须经过许多困难，我们要做好长期抗战的准备，要树立抗战必胜的信念，发动全国人民投身于抗战洪流，置日本侵略者于人民战争的汪洋大海之中。

三是坚持游击战原则。确定把党的主要工作放在战区和敌后，独立地放手发动群众，开展游击战争，建立抗日敌后根据地，这实际上是中国革命在民族战争的条件下继续走乡村包围城市的道路。

（二）提出"马克思主义中国化"科学命题与任务

毛泽东在党的六届六中全会上作的题为《论新阶段》的政治报告中，最先提出了"马克思主义中国化"这个命题。他指出："没有抽象的马克思主义，只有具体的马克思主义。所谓具体的马克思主义，就是通过民族形式的马克思主义，就是把马克思主义应用到中国具体环境的具体斗争中去，而不是抽象地应用它。成为伟大中华民族之一部分而与这个民族血肉相联的共产党员，离开中国特点来谈马克思主义，只是抽象的空洞的马克思主义。因此，马克思主义的中国化，使之在其每一表现中带着中国的特性，即是说，按照中国的特点去应用它，成为全党亟待了解并亟须解决的问题。"

毛泽东号召全党同志努力学习马克思列宁主义理论，深入研究民族历史和当前斗争情况与趋势，要学会把马克思列宁主义普遍真理与国际经验应用于中国的具体环境，担当历史重任。毛泽东倡导全党来一次马克思主义的知识竞赛，看谁能真正学到一些东西。他说："如果我们党有一百个至二百个系统地而不是零碎地、实际地而不是空洞地学会了马克思主义的同志，就会大大提高我们党的战斗力量，并加速我们战胜日本帝国主义的工作。"之后边区开展了大规模的学习运动。中共中央成立干部教育部，同时还成立了各类社会科学研究会和学习小组。

（三）全会通过《中共扩大的六中全会政治决议案》

全会批准以毛泽东为代表的中央政治局的路线，克服了王明的右倾错误对党的工作的干扰，统一了全党的思想，从政治上、思想上和组织上奠定了党对全面抗战的领导基础。

全会确定把党的主要工作放在战区和敌后，制定巩固华北、发展华中的战略决策；确定了在抗战新阶段中华民族的基本任务，即坚持抗战、坚持持久战，巩固和扩大抗日民族统一战线，以便增加力量，取得驱逐日寇出境和建立独立、自由、幸福的新中国的光荣胜利。

（四）全会通过《关于中央委员会工作规则与纪律的决定》《关于各级党部工作规则与纪律的决定》《关于各级党委暂行组织机构的决定》等文件

1.《关于中央委员会工作规则与纪律的决定》及《关于各级党部工作规则与纪律的决定》的主要内容

一是以党规党法的形式对中央委员会、中央政治局、中央书记处、中央局、中央分局及各级地方委员会的工作规则、纪律规则、组织机构以及相应的工作性质、任务、职权等作了比较详细的规定。这是建党以来党对最高权力进行的首次规范，奠定了中国共产党集中统一领导的制度基础。

二是强调民主集中制的组织原则，第一次在党的历史上完整地提出了"四个服从"的组织纪律，即个人服从组织、少数服从多数、下级服从上级、全党服从中央。"四个服从"保证任何情况下的纪律与集中，使各级组织既能够充分履行职责，又能够上下调动，保证民主集中制的组织原则的全面贯彻，奠定了党是领导一切的基本原则，从组织制度上确保党的纲领、路线的贯彻执行。

2.《关于各级党委暂行组织机构的决定》的主要内容

一是对各地党组织的名称进行了规范，如将各地党部委改为党委。

二是对各级党委内部组织机构的设置以及职责进行了规范。如"区委以上各级党的委员会之下，分设各部办事处：组织部、宣传部、战事动员部、民运部、统一战线部"。决定撤销长江局，设立南方局和中原局，由周恩来、董必武任南方局正副书记；刘少奇任中原局书记。克服了王明右倾错误对中央的干扰。

三是设立监察委员会，即在区党委之下设立了监察委员会，规定了监察委员会的职权，监察委员会的委员须有三年以上的党籍，必须兼职。这为七大党章增加监察委员会的规定打下了基础。

3.全会提出了党的干部政策

毛泽东指出，政治路线确定之后，干部就是决定的因素，因此有计划地培养大批新干部，就是我们的战斗任务。

这些制度的建立，巩固了党的团结和统一，激励了一大批优秀共产党员在民族战争中英勇作战，成为执行命令、遵守纪律、维护团结、联系群众的模范，为动员全面抗战力量，克服困难、战胜敌人，实现民族独立与解放奠定了坚实的政治、思想和组织基础。到1945年抗日战争结束时，八路军、新四军已经由抗战初期的 4 万人发展到 121 万人，根据地人口由 100 万人发展到近 1 亿人。1948 年 12 月 20 日，《中国青年》再次复刊，发表毛泽东为《中国青年》的题词："军队向前进，生产长一寸，加强纪律性，革命无不胜。"毛泽东的题词，突出强调了加强纪律的极端重要性。国民党军第七兵团司令黄百韬曾感慨道："国民党是斗不过共产党的，人家对上级指示奉行到底，我们则阳奉阴违。"

六届六中全会充分肯定了以毛泽东为代表的中央政治局的政治路线，从组织上确立了毛泽东在党中央的领导地位；正确地分析了抗日战争的形势，规定了党在相持阶段的任务；第一次提出了马克思主义中国化的命题，推动了各方面工作的开展。毛泽东曾把六届六中全会与遵义会议相提并论，说六届六中全会是决定中国之命运的。

为 民 篇

为人民服务

永恒的精神　不变的初心
延安时期水乳交融的党群关系

〉〉〉〉〉〉〉〉〉〉〉

为人民服务

　　"人的生命是有限的，可是，为人民服务是无限的，我要把有限的生命，投入到无限的为人民服务之中去。"这是雷锋日记中的一段话。"为人民服务"这五个字，大家耳熟能详，它就是中国共产党根本宗旨。

　　延安革命旧址中，有四处与"为人民服务"关系密切。其一，杨家岭"飞机楼"。1942年5月，在这里举行了文艺座谈会，毛泽东在讲话中提出，作家为千千万万劳动人民服务，对于过去时代的文艺形式，我们也并不拒绝利用，但这些旧形式到了我们手里，给予了改造，加进了新内容，也就变成革命的为人民服务的东西了。其二，杜甫川柳林陕甘宁边区延安县南区合作社。1943年10月，毛泽东在《论合作社》一文中指出，为群众服务，这就是处处要想到群众，为群众打算，把群众的利益放在第一位。其三，枣园西山脚下的为人民服务演讲台原址。1944年9月8日下午，毛泽东在这里出席了张思德追悼会，发表了著名的《为人民服务》演讲。其四，杨家岭七大礼堂。1945年，党的七大通过《中国共产党章程》，"总纲"中明确规定："中国共产党人必须具有全心全意为中国人民服务的精神，必须与工人群众、农民群众及其他革命人民建立广泛的联系。并经常注意巩固与扩大这种联系。每一个党员都必须理解党的利益与人民利益的一致性，对党负责与对人民负责的一致性。"

"为人民服务"是中国共产党始终不渝、坚定不移的行动准则。邓小平主张以人民拥护不拥护、人民赞成不赞成、人民高兴不高兴、人民答应不答应来检验"全心全意为人民服务"的效果，并提出"领导就是服务"的论断。江泽民明确提出坚持执政为民。胡锦涛强调，党员干部一定要做到权为民所用、情为民所系、利为民所谋。习近平总书记告诫要人民至上，有一颗为人民服务的心。2020年3月30日，习近平总书记在浙江安吉调研时说，解决问题的宗旨，就是为人民服务。

新时代大学生，是祖国建设发展的中坚力量，是实现中华民族伟大复兴的中流砥柱。我们应该传承和弘扬群众路线，认真领会和践行"全心全意为人民服务"的根本宗旨，奋进新时代。其一，要有家国情怀。一个人的生命长度是有限的，但是厚度是可以增加的。要从社会需求、人民需要出发，贡献自己的智慧和力量。其二，要牢牢站稳人民立场。人民是根、人民是源，群众的支持和拥护是做好一切工作的力量之基。在革命建设年代，真正的共产党人一定会从人民立场出发，想问题，干事业。当今的大学生，要有百姓情、百姓心，站在人民的立场分析和解决问题，勇敢地担起时代重任。其三，要练就为人民服务的本领。为人民服务不是空的、虚的、遥远的，而是实实在在、非常具体的。战争年代为人民服务需要在枪林弹雨下抛头颅洒热血，进入新时代，经济社会发展非常迅速，需要我们因时而变、因势而为，不断地增长本领，提高为人民服务的能力。唯有如此，才能为中华民族伟大复兴作出应有的贡献。

让我们来到历史现场，来一场"为人民服务"感悟和教育。

📖 **想一想 做一做**：

　　1. 请你谈一谈毛泽东为什么要树立张思德、雷锋两个为人民服务的榜样？作为新时代的大学生，我们应该如何向他们学习？

　　2. 请搜集论据、整理论点，设计一次批驳"精致利己主义"辩论会。

永恒的精神　不变的初心

任　瑞

和战友一起烧炭的张思德（左）

[引　言]

　　枣园后沟西山脚下，是当年中央警卫团的操场。1944 年 9 月 8 日，中央警卫团和中央直属机关 1000 多人聚集在这里，为张思德举行隆重的追悼大会。毛泽东亲笔题写了"向为人民利益而牺牲的张思德同志致敬"的挽联，并即兴做了演讲。后来这篇演讲被压缩成一篇不足 800 字的短文，这就是著名的《为人民服务》。当时，这篇演讲并没有题目，即便是1944年9月21日《解放日报》的报道，也只是使用《警备团追悼战士张思德同志　毛泽东亲致哀悼》的新闻标题。1953年，该文收入《毛泽东选集》第三卷，才以《为人民服务》为标题。

为人民服务作为中国共产党根本宗旨和初心使命，不仅在为中国共产党的优良作风的建立、密切党群关系发挥了重要作用，而且在长久的岁月更迭和世情变幻中也未曾失色。它像一根红线贯穿中国共产党近百年的历史，激励着一代代中国共产党人无私奉献、不畏艰险、奋力拼搏、勇往直前。在中国特色社会主义进入新时代的今天，为人民服务，对于我们不忘初心、坚定信念、励志修身、攻坚克难仍然具有重大的现实意义。

毛泽东作为党中央的最高领导人，为什么会如此郑重地参加一位普通战士的追悼会并亲自发表演讲，《为人民服务》这篇文章为何这么有名？今天，来到《为人民服务》讲话台，也就是当年为张思德举行追悼会的现场，回顾历史，缅怀英雄，感悟真情，这些问题的答案就会显而易见。

一、张思德生平

张思德这个普通的战士到底有着怎样的人生历程呢？张思德，1915年出生于四川的仪陇，乳名谷娃子，1933年参加红四方面军，1937年加入中国共产党。他三次过雪山草地，多次负伤，在长征的路上，尝过百草，也当过通讯班班长，到了延安，在枣园担任中央领导的警卫。他当过干部，但是最高也就当了个班长，后来精兵简政又当回了战士。虽然和他一起参军的许多人已经当了旅长，但他从不计较职务高低。他说当班长是革命的需要，当战士也是革命的需要。张思德当通讯班班长的时候，有一封急件要送到王家坪总参谋部，恰逢路上下大暴雨，张思德害怕信件淋湿，把信件放进鞋里并把两只鞋对扣起来，夹在腋窝下赤脚奔跑。到了王家坪总参谋部，信是干的，张思德却像水里捞出来似的。毛泽东认识张思德，是在一次出行的路上。当时正值严冬，车辆陷进水坑中，水结成了冰坨，车辆无法通过，这时张思德冒着严寒脱下自己的衣服垫在车轮下，这才使得车辆顺利通过。那次张思德给毛泽东留下了非常深刻的印象。后来张思德成了中央警卫团的一名警卫战士，每天站岗放哨，工作非常踏实认真。每天天亮之前，他就认真仔细地打扫完窑洞前后，毛泽东等中央领导人经常出行的地面，一有坑坑洼洼他都会非常仔细地铲来黄土垫平夯实。无论在哪个岗位，张思德都是兢兢业业，一丝不苟。后来把他调去烧木炭，他仍然干得非常好。为了烧好木炭，他吃住都在窑洞跟前，晚上还要爬上窑顶观察炭窑情况，随时调整火焰和窑炉温度。正是这种比别人更多的付出，才使他能在最短的时间内，烧出比别人数量更多质量更好的木炭。炭窑发生坍塌，他把生的希望让给战友，把死的危险留给自己。

事情缘由还得从头说起，1944 年春，中央警卫团为了积极响应毛泽东在陕甘宁边区劳动英雄代表大会上所作的"组织起来"的号召，开展了轰轰烈烈的大生产运动，随即警卫团派出了一支小分队到安塞的石峡峪烧木炭。张思德有过烧木炭的经验，这项工作就由他来负责，他担任烧炭班的副班长，工作

《为人民服务》演讲的目的和原因

认真负责，不怕苦、不怕累、不怕脏，处处起模范带头作用。1944年9月5日，连日阴雨，炭窑突然坍塌，生死关头他一把推开了战友，自己却被坍塌的土石压住了。待战友们将他挖出时，张思德已经停止了呼吸，年仅29岁。张思德短暂的一生并不轰轰烈烈，也不惊天动地，但就是在这种平凡中体现了伟大，展示了光荣。他用生命诠释了入党申请书上的誓言："为了人民，为了革命，要敢于献出自己的一切"。张思德牺牲的消息传回枣园，毛泽东心情十分沉重，他说前方打仗死人是情理中的事，后方的生产不应该出现这样的事故，他提出要为张思德开追悼会，他要参加追悼会并发表讲话。

二、不朽的演讲——《为人民服务》

《为人民服务》文章的主要内容

毛泽东在张思德追悼会上发表的《为人民服务》演讲，全文不足800字，尽管篇幅不长，但内涵丰富、思想深刻、意味深长。毛泽东高度评价了张思德这样一个平凡的战士，他的工作是平凡的，但其精神具有不平凡的意义，他用自己平凡而又短暂的一生，生动地诠释了为人民服务的根本宗旨。通过对张思德高尚品德的赞扬，为共产党人树立了学习的标杆。在党和军队中的大力宣传，倡导了为人民服务的精神。毛泽东在讲演中深刻地阐述了中国共产党的根本宗旨、共产党人的人生观和价值观、党的作风建设、共产党人的勇气与担当、加强团结奋斗等重要内容。

第一，深刻阐述了中国共产党的宗旨。文章开宗明义地指出："我们的共产党和共产党所领导的八路军、新四军，是革命的队伍。我们这个队伍完全是为着解放人民的，是彻底地为人民的利益工作的。"毛泽东第一次用鲜明的语言概括了中国共产党的根本宗旨是全心全意为人民服务。这个宗旨，涵盖了党和人民军队服务的对象、服务的基本要求、服务的目的和党的群众路线，也集中概括了张思德同志精神的核心内容。正因为有这样的宗旨，他要求"共产党人的一切言论行动，必须以合乎最广大人民群众的最大利益，为最广大人民群众所拥护为最高标准"。文章六次提到"人民的利益"，并且特意使用"完全""彻底"作限定词，突出强调了我们党没有任何私利，只有人民的利益，除了人民的利益，中国共产党没有自己特殊的利益，这一点是毛泽东对党性和人民性一致的高度概括，也是中国共产党区别于其他一切政党的显著标志。毛泽东概括的"全心全意为人民服务"，到邓小平提出的人民群众满意不满意、答应不答应、赞成不赞成，江泽民的代表最广大人民的根本利益，胡锦涛的权为民所用、情为民所系、利为民所谋，习近平的一切以人民为中心的发展思想，都体现了中国共产党始终以人民的立场为立场，以人民的利益为利益，以人民的意志为意志，人民性就是中国共产党的政治基础。完全彻底地为人民服务就是中国共产党人的政治本色，是初心和使命的集中体现，是我们立党兴党的基础。

　　第二，深刻阐述了中国共产党人的人生观和价值观。毛泽东把为人民服务的思想融入共产党员的生死观，强调共产党人存在的价值和意义就在于无私忘我地为人民服务。毛泽东把一个人死的轻重与泰山和鸿毛相比，为人民利益而死，就重于泰山，就值得人推崇和敬重，虽死犹生。为个人利益而死，就轻于鸿毛，就要受到人民的唾弃，虽生犹死。毛泽东以此作为对比，借以说明人的生命意义是不一样的，衡量的标准就是看他是为了谁的利益而死的。文章中毛泽东从张思德的牺牲引发开来，深刻阐明了中国共产党人应有的人生观和价值观。"要奋斗就会有牺牲，死人的事是经常发生的。但是我们想到人民的利益，想到大多数人民的痛苦，我们为人民而死，就是死得其所。"舍生取义是中国传统文化中人生观和价值观的最高境界，毛泽东既继承传统，又超越传统，并为它注入了崭新的时代内涵。那便是为人民而死就是死得其所，为人民而死就比泰山还重，张思德是为人民利益而死的，他的死是比泰山还要重的。张思德这种比泰山还要重的人生价值正是我们中国共产党人崇高价值的真实体现。

第三，深刻阐述了中国共产党人如何对待缺点与批评。毛泽东明确指出："因为我们是为人民服务的，所以，我们如果有缺点，就不怕别人批评指出。不管是什么人，谁向我们指出都行。只要你说得对，我们就改正。你说的办法对人民有好处，我们就照你的办。"毛泽东同志的这段话深刻地阐明了中国共产党人对待工作中出现的缺点、错误应该秉持一种什么样的态度。他还指出："只要我们为人民的利益坚持好的，为人民的利益改正错的，我们这个队伍就一定会兴旺起来。"人民的利益就成为中国共产党人坚持真理、修正错误的根本标准。同时也深刻揭示了中国共产党人实现自我完善的正确途径。毛泽东因1941年雷击事件引发的对征粮的非议，推动了大生产运动的深入开展；接受民主人士的建议，实行"精兵简政"，都充分体现了中国共产党之所以一步步成长壮大。其中一个很重要的原因，就是始终坚持从人民的利益出发和始终具有的自我纠错、自我净化的能力。党的宗旨，决定了共产党人愿意为人民的利益坚持真理，愿意为人民的利益改正错误。人民的利益就是我们党全部工作的出发点和落脚点。人民的利益也就理所当然地成为检验我们党的任务、政策和工作作风的根本标准。

第四，深刻阐述了中国共产党人的政治勇气与责任担当。毛泽东在演讲中指出："我们的同志在困难的时候，要看到成绩，要看到光明，要提高我们的勇气。中国人民正在受难，我们有责任解救他们，我们要努力奋斗。"中国共产党从成立之日起，就是中国人民和中华民族的先锋队，代表中国最广大人民的根本利益。党的宗旨是全心全意为人民服务。党的初心和使命就是为中国人民谋幸福，为中华民族谋复兴。中国共产党做任何事情的出发点和落脚点都是为了人民的利益，中国共产党的政治勇气和责任担当正是由党的性质、宗旨、初心和使命决定的，它体现在共产党人面对历史和人民交给的重任，毫不迟疑、挺身而出的政治勇气和责任担当。正是这种勇气和担当，才能解救人民大众，才能挽救民族危亡，才能战胜各种困难。也正是这种勇气和担当，才深刻地体现了中国共产党人以实现人民利益为最根本的价值取向。

第五，深刻阐述了面对困难挑战加强团结奋斗的极端重要性。毛泽东在演讲中指出，"为了一个共同的革命目标，走到一起来了。"这个共同目标就是为了挽救民族危亡，实现民族独立，国家富强和人民幸福。这个共同目标既是我们团结奋斗的共同基础，也是激励中国共产党人克服困难、不断奋进的根本动力。古人云："人心齐，泰山移"。团结就是力量，团结越紧，力量越大。演讲的最后一句是"使整个民族团结起来"，这个团结既是我们党的事业必定要胜利的基本保证，也是中国共产党实现自身目标的条件和途径。

三、经典演讲的重要意义

张思德的一生，是英勇无畏、任劳任怨、关心同志和艰苦朴素的一生。他并不是牺牲在枪林弹雨的前线，而是意外遇难在劳动生产的岗位上，他短暂而平凡的一生没有一件轰轰烈烈的壮举。毛泽东为何要郑重地为这样一位普通战士举行追悼会，并发表重要讲话呢？其意义有以下四个方面。

第一，树立一种导向。在共产党内，不论职务高低，只要为人民作过贡献，他都应该得到应有的尊重。在张思德的追悼会上，中央警卫团政治处主任张廷祯介绍了张思德生平简历和牺牲经过后，毛泽东沉重而缓缓地走上操场土台，发表了《为人民服务》的著名演讲。这篇讲话的核心是进一步向全党全军确立了为人民服务的宗旨观和生死观。可见，毛泽东为张思德开追悼会发表讲话的首要原因，就在于阐发共产党人及其人民军队的"为人民服务"精神；就在于告诫我们的党员和战士，为人民服务没有高低贵贱之分，即使在平凡的岗位上，即使是普普通通的战士，只要对人民作出过贡献，都应该得到应有的尊重。《为人民服务》也昭示着我们的党和军队需要一大批像张思德这样全心全意为人民服务的忠诚战士。更何况，这种价值评价贯穿毛泽东的一生，无论是之前对白求恩的评价，还是新中国成立后树立的为人民服务的典型代表雷锋，都是高尚纯粹脱离低级趣味有益于人民的人，都在平凡中显示了伟大。

第二，依靠为人民服务的精神推动大生产运动向前发展。20世纪40年代初，抗日战争正处于最艰苦的战略相持阶段。日本帝国主义对我根据地进行残酷扫荡，国民党顽固派对根据地实行军事进攻和经济封锁，陕甘宁边区和各抗日根据地军民面临着严重的财政和经济困难。可以说是缺医少药、弹尽粮绝，形势十分严峻。粮食是当时亟待解决的问题。1941年，陕甘宁边区政府决定征收公粮20万担，比上一年多征收11万担，对此老百姓有怨言有怨气，甚至还出现了"雷公不长眼，咋不把毛泽东打死"的骂毛泽东的事件。当时中央保卫处要治这个老百姓的罪，被毛泽东制止了，并做了认真细致的调查研究。他看出了由于经济困难引发的党群关系紧张，以及党的工作和政策存在的问题。他向全党提出了解散回家、饿死，还是自己动手的问题。前两个办法是没有一个人赞成的，大家都觉得唯有一起动手搞生产，才能解决衣食住的问题。为了战胜困难、坚持抗战、减轻人民的负担，1942年底，毛泽东及时提出了党必须努力领导人民发展农业生产和其他生产，并适时提出了"发展经济，保障供给"的方针，号召全体军民必须在战争的条件下，自力更生，克服困难，开展大规模的大生产运动。大生产运动有效解决了根据地经济和财政的严重困难，减轻了人民的负担，缓解了军民供需的重大矛盾，转变了党员干部工作作风，密切了党政军民关系，增强了军民团结，为抗战的胜利奠定了雄厚的物质基础和群众基础。在进一步赢得了人民群众的拥护和支持的背景下，毛泽东《为人民服务》的讲话有力地推动和巩固了大生产运动的成果，承续并发展了1942年12月《经济问题与财政问题》讲的怎样才是真正的为人民服务："必须给人民以看得见的物质福利"。

第三，巩固延安整风运动的成果。毛泽东《为人民服务》的讲话还与当时开展的整风运动，确立的实事求是的思想路线和树立起来的党的优良作风有关。延安的整风运动是中国共产党历史上一次大规模的马克思主义教育运动和思想解放运动，是对全体党员和干部进行的一次世界观、方法论和思想作风、工作作风的全面改造，是中国共产党历史上一次有深远意义和影响的思想革命。它澄清了党在历史上的思想路线，特别是六届四中全会以后党的思想路线的是非问题，克服了主观主义、教条主义、经验主义的错误，使全党达到了一个共识，就是要把马克思主义的基本原理和中国革命的具体实际结合起来，一句话就是要实现马克思主义中国化。整风运动确立了实事求是的思想路线，树立起了理论联系实际、密切联系群众、批评与自我批评党的三大优良作风，解决了对待人民群众和对待自己的科学态度。其中的批评与自我批评，主观上要求共产党人自觉接受别人的提醒和批评，客观上需要同志间的相互关心和帮助，在批评中汲取政治营养，改正缺点，更好地为人民服务。"因为我们是为人民服务的，所以，我们如果有缺点，就不怕别人批评指出。""只要你说得对，我们就改正。你说的办法对人民有好处，我们就照你的办。"整风运动期间党的作风建设，对增强党组织的凝聚力和战斗力起了一个重要保证作用。

第四，用张思德精神争取群众，取得抗战的最后胜利，建立人民当家作主的新民主主义中国。在七大即将召开、抗战即将胜利的形势下，毛泽东在张思德追悼会上的讲话，还起到了统一全党全军思想的作用。1944年9月21日，《为人民服务》的讲话在《解放日报》上刊登，教育全党和人民军队，要加强团结、克服困难，众志成城、夺取抗战的最后胜利。毛泽东明确指出，中国共产党和党领导的人民军队就是完全彻底地为人民服务的。这为进一步实现党在思想政治上的统一和行动上的一致奠定了基础，更有利于团结更广泛的力量。因此，为人民服务，关乎人心向背，关乎党的事业兴衰成败。毛泽东的讲话为抗战乃至人民解放战争的胜利赢得了坚实而广泛的群众基础。

四、张思德精神的当代价值

今天我们重温毛泽东《为人民服务》这篇光辉著作，弘扬张思德精神，就是要在新的历史时期，践行党的根本宗旨，更好地为人民服务。

首先，要学习张思德正确的事业观。张思德能正确地对待职位的高低，不计较个人得失，不计较工作贵贱。一切从人民的利益和党的需要出发，干一行爱一行专一行。有了这种事业观，在日常工作中才能做到不患得患失，不挑肥拣瘦，把本职工作做好。作为长期执政的中国共产党的党员干部，只有增强宗旨意识和公仆意识，把为人民服务内化于心，才能真正做到权为民所用，情为民所系，利为民所谋，才会有持续的服务热情和不竭的创新动力。

其次，学习张思德正确的工作观。张思德对待工作埋头苦干，求真务实。他为人民服务，不是说在嘴上，不是写在书面上，而是落实在平凡的工作中和默默无闻的行动中。张思德少言寡语，用毛泽东的话说这是他最大的优点，也是最大的缺点，别看他不多说话，在关键时刻，他的行动是那样毫不犹豫。张思德用朴实和纯粹折服了周围所有的人。今天，我们已经拥有9800多万的党员，但有部分党员缺少张思德那样日复一日、年复一年的实干和行动。成功源于实干，祸患始于空谈。我们党历来重视实干精神，习近平总书记多次向全党强调"空谈误国，实干兴邦"。"实干"二字的深意，既在于埋头苦干，更在于认准了就干。没有实干，实现中华民族伟大复兴的目标也只是镜中花水中月。

最后，学习张思德正确的政绩观。张思德时刻为他人着想，这正是在今天，全体党员干部必须具备的品格和精神。换言之最迫切最需要解决的重点问题就是，为谁干事，干事为了谁；为谁工作，工作为了谁；为谁看政绩，政绩为了谁的问题。为了谁，就是为了人民，就是要以人民为中心，就是要关心人民群众的安危冷暖和衣食住行，从一件件具体的小事做起。因为干好与人民群众利益密切相关的小事，背后折射出的正是中国共产党的执政理念和做事的本分。

毛泽东同志曾经倡导，"我们一切工作干部，不论职位高低，都是人民的勤务员，我们所做的一切，都是为人民服务"。人民的勤务员就是对共产党人事业观、工作观、政绩观最好的诠释。如果我们党的各级干部都能像毛泽东同志所倡导的那样，"不论职位高低，都是人民的勤务员"，如果我们每一个党员都能像张思德那样全心全意为人民服务，那么，我们的人民就一定会也能够有更多的获得感、安全感、幸福感。

· 结 束 语 ·

我们共同缅怀了一位平凡而伟大的"小人物"，学习一篇简短而不朽的演讲，张思德在我们心里的印象更深了，"为人民服务"的宗旨在我们思想中树得更牢固了。

延安时期水乳交融的党群关系

何振苓

良好的党群干群关系

[引 言]

杨家岭革命旧址，是1938年11月至1947年3月，中共中央机关所在地，中国共产党第七次全国代表大会就在这里召开。在这次大会上，毛泽东高度概括了中国共产党的三大优良作风："理论联系实际，密切联系群众，批评和自我批评"。我们在这里学习中国共产党的三大优良传统作风之一的密切联系群众，追忆和感悟延安时期水乳交融的党群关系。

延安这片黄土地，在20世纪30年代曾经是西方记者笔下"物资极度贫乏，环境极其恶劣"的地方，但它却是中国共产党人书写成功史诗的传奇之地。在这里中国共产党实现了由小变大、由弱变强的伟大历史转折。当年聚集在这里的中国共产党人究竟凭借什么优势实现这一历史转折，并且夺取了全国的胜利？依靠的是物力吗？依靠的是人力吗？就物力方面讲，延安当年粮食平均亩产还不到25公斤，可谓土地贫瘠、山寒水瘦；从人力方面来说，当年中央红军长征到达陕北吴起镇时，也不过是区区7000人的队伍，装备落后给养困难。他们浴血奋战，才艰难地突破了数十万国民党军的围追堵截，是一支刚刚走完二万五千里长征的疲惫之师。身为土生土长的吴起人，小时候就总听老人们讲，当年红军来到陕北吴起镇时，黄土高原已经是初冬季节，天寒地冻。当地人都穿上了棉衣棉裤，而红军官兵仍然裹着一身单衣。他们中有许多人连鞋袜都没得穿，甚至还有人穿着短裤。根本不像我们有些人想象的穿戴一新、步伐齐整的队伍。难怪蒋介石曾断定："红军已走上末路，共产党气数尽了"。然而，就是这么一支毫不起眼的队伍，对老百姓却秋毫未犯，一踏上黄土地就打败了号称滚滚铁骑的马家军骑兵，而且在这里落地生根，长成了参天大树，并夺取了全国胜利。那么，他们究竟使用了何等神器？因为他们在这块黄土地上孕育形成了光辉伟大的延安精神，在这里培育了水乳交融的党群关系。

一、延安时期水乳交融的党群关系

1937 年 1 月 13 日，党中央进驻延安。那时，延安城经常出没的土匪有 48 股，城内居民有 3000 多人，而游手好闲的懒汉、"二流子"就有 500 多人，约占总人口的 16%，婴儿死亡率近 60%，90% 以上的人都不识字。当年流传着一句谚语："延安府，柳根水，十个就有九个洋烟鬼"。说的是什么意思呢？当时延安许多人喝的是柳树根下面流的水，这种水里面有毒素，导致许多妇女不能生孩子，即使生下孩子也多半患有先天疾病，要么大脖子，要么柳拐子。这种情况下，许多人认为自己命不好，对生活失去了信心，有点钱就拿去抽大烟，不务正业。为此，毛泽东就专门从中央医院请来水质专家检测水质，安排钻打深水井。当地人都喝上纯净的水后，妇女们的生育能力慢慢恢复，渐渐地家家户户就都有了健康的宝宝。有了宝宝就存在上学读书的问题，毛泽东从进驻延安开始就在延安周边创办学校，仅 1937 年春就办起了 320 所小学。如此一来，过去游手好闲的懒汉、"二流子"因为家有宝宝，而且还能上学读书，顿觉生活有了盼头，日子有了奔头，早出晚归、下地干活，日子过得红红火火，党群关系也因此发生改变。

延安时期党群关系水乳交融的表现

枣园书记处小礼堂就是延安时期党群关系水乳交融的一个历史见证。1944 年正月初一早晨，枣园村民敲锣打鼓，扭着秧歌到毛泽东住处给毛泽东拜年。正月初二，毛泽东与枣园七里八乡村民代表在书记处小礼堂共度春节，整个小礼堂里，洋溢着一片欢声笑语。正月十五，毛泽东又在小礼堂为枣园乡的24 位花甲老人祝寿。当老人们接过毛泽东递来的祝寿酒，欢喜的眼泪在眼眶里直打转。一个地地道道的庄稼汉，曾经常食不果腹，衣不遮体，何曾被人尊重过、被人抬举过，更别说共产党的当家人亲自给自己祝寿。老人们感慨万千，打心眼里觉得"尔格（陕北方言'现在'）终于活成个人样了……"1943年，延安来了一位特殊的客人，他叫赵朝构，是国统区《新民报》的主笔，《新民报》就是毛泽东最早发表《沁园春·雪》的那家报纸。赵朝构乍到延安就看到一大群孩子在黄土高坡上自由追逐、嬉戏，居然没有大人看护，非常奇怪，感觉那一群孩子就像牛羊一样散落在延安的黄土高坡上。因为好奇，便从延安的南头走到北头，一路走一路观察，看见延安街头秩序井然，生意红火，人们个个精神振奋，竟然没有发现一个懒汉、"二流子"，也没有碰到一个叫花子，因而赞誉道："延安就是一首优美的田园诗！"

延安时期的党群关系也有过不融洽的时候。1941年6月3日下午，陕甘宁边区政府小礼堂正在召开县长联席会议，重点讨论1942年征收救国公粮问题。开会过程中，延安天气发生变化，雷鸣电闪，大雨倾盆而下，一声炸雷掠过屋顶，礼堂东南屋角的一根挂着电话线的柱子被劈断，坐在柱子跟前的延川县代县长李彩云不幸被雷电击死。无独有偶，当天，安塞县一位50多岁的农民在延安南关市场赶集，想换些粮食回家，没想到，他拴在木桩上的毛驴也被雷电击死了。老汉很伤心，指天骂地埋怨："老天爷不长眼，打雷劈死我家毛驴，为什么不是他毛泽东？"边区保卫处的同志闻讯后准备以反革命事件处理老头。毛泽东听说后，立即予以制止："群众发牢骚、有意见，说明我们的工作和政策有毛病""不要一听到群众有议论，尤其是尖锐一点的议论，就去追查，就要立案，这种做法实际上是软弱的表现，是神经衰弱的表现。共产党人无论如何不要造成同群众对立的局面"。当时，边区政府为什么要向老百姓征收那么多的救国公粮？1938年10月，抗日战争进入相持阶段以后，日本侵略者调整侵华政策，对国民党采取以政治诱降为主、军事打击为辅的方针，集中力量主要进攻共产党领导的抗日根据地。从1938年3月到1939年底，日军先后向陕甘宁边区河防阵地发动了大小23次进攻，并于1938年11月开始对延安进行狂轰滥炸，规模较大的有17次，延安城被炸成一片废墟。此时，蒋介石集团对陕甘宁边区加紧经济封锁，一寸布、一粒米都不准进，同时，对陕甘宁边区的北、西、南三面进行军事包围，兵力由1939年的31万人增至1940年的50万人。加上华北、陕北地区正在遭遇连续三年的特大自然灾害，陕甘宁边区进入了非常困难的时期。为了摆脱困境，中共中央号召边区人民"发展经济，保障供给"，率领边区军民开展了轰轰烈烈的大生产运动。在大生产运动中表现最为突出的是王震率领的三五九旅。三五九旅1941年春天开进南泥湾，两年后垦荒面积达到26万亩，不仅解决了三五九旅的军需问题，而且给边区政府上交公粮1万石。老百姓赞誉道："三五九旅能打仗、能种田、能织布、能养猪。"

在延安，毛泽东和中共领导同志都会像普通人一样在遍地黄土的马路上自由行走，跟百姓随意攀谈，不带警卫、不摆架子。有一天，朱德总司令骑着马在路上走，迎面走来一位背着粮食的老汉。朱老总赶紧翻身下马，帮助老汉把粮食放在马背上，然后牵着马和老汉一边走一边聊家常。交谈中，老汉感觉这位操着南方口音的外地老汉相当面熟，到家后才发现，那个外地老汉和他家照片上的朱总司令长得一模一样。难怪抗日名将续范亭曾赋诗赞誉道："时人未识将军面，朴素浑如田舍翁。"一天傍晚，一位外国记者在河边散步，碰见一老一少各背一捆马兰草。走近一看，原来是林伯渠和他的警卫员。这位记者激动不已，大声说："主席先生，在这里，从您身上，我看到了中国的光明和希望！"在延安，由于领导干部都能以身作则，心里装着群众，实实在在为群众办事，从而带动了全党的干劲，于是涌现出一个个像晏福生、张思德式的英雄官兵。正是这种党群一体的局面，使陕甘宁边区成了"铜墙铁壁"，这个"铜墙铁壁"是任何敌人都攻不破的。这就给我们一个启示：好的作风就是党员、领导干部的率先垂范。

1947年8月18日，毛泽东率领九支队300多人，被国民党刘戡的29军追至陕北佳县境内葭芦河的南岸。西面是钟松的36师，南面有刘戡的3万多追兵，东面是黄河天险，向西、向南、向东三面都是绝路，要摆脱困境就必须向北渡过葭芦河。而平日里淌水可渡葭芦河，因为适逢陕北雨季，经过连日大雨，已成一片汪洋，此时过河就必须架浮桥。葭芦河流域位于毛乌素沙漠边缘，山上几乎不长树，架浮桥谈何容易！危急时刻，老百姓把自己的门板卸了，老人们抬来了自己的棺材板，在当地老百姓的帮助下，浮桥很快就架好了。九支队刚刚过河，上游大约两米高的洪水就轰隆隆怒吼着冲了下来，浮桥瞬间就被冲垮了。这时国民党兵前锋部队刚好追到桥边，没有办法过河，只能目送九支队离去。1947年秋天沙家店战役前夕，由于陕北缺粮，总司令部也只有4斤小米，彭德怀说："把它送给重伤员。"陕北有个民兵担架队队长叫金有发，他的婆姨（陕北俗话，意思为妻子）因为不忍心看着战士们饿着肚子打仗，就把自己家藏在山里的十几斤谷子挖出来，连夜推碾子磨米。小米磨好了，发现脊背上背着的孩子饿死了。女人把孩子的尸体埋在草丛里，背着小米循着枪声去追赶部队。在战前动员大会上，彭德怀噙着眼泪把陕北群众是如何支持子弟兵的事情讲给大家听，战士们非常激动，个个摩拳擦掌，口号声四起，最终我军仅用了不到两天的时间就取得了沙家店大捷，扭转了陕北的战局。大家要问，为什么在陕北共产党打胜仗？国民党打败仗？对此，当年的美国驻华大使司徒雷登就说："共产党打败国民党，不是靠飞机大炮，而是靠廉洁以及廉洁带来的民心。"

二、延安时期何以形成水乳交融党群关系

第一，共产党全心全意为人民服务的根本宗旨得到了人民群众的拥护。首先，当年陕北土地贫瘠、物产匮乏、交通阻塞、自然环境恶劣。生活在这里的人们，日子过得异常艰辛。所以，群众迫切需要解决温饱问题，提高生活质量；改变恶劣环境，改善生存状态。其次，当时陕北群众在政治上正遭受着封建地主、官僚、军阀的层层压迫。百姓们非常期待在政治上能有一个替他们打算，为他们谋划美好生活的代表出现。而共产党的初心使命，就是为中国人民谋幸福，为中华民族谋复兴，这正是群众心中祈盼的主心骨形象。群众的心理诉求与党的根本宗旨正好契合，双方有着共同的愿望和合作前景。最后，延安时期的民主政治制度，为人民当家作主、表达利益诉求提供平台。在延安，选民们用拃胳膊（陕北俗语意思是举手）、点洞、投豆等方法，选举出了能够替他们打算，为他们解决实际困难，具有一定办事能力、他们喜欢的干部，这使人民群众从中感受到了当家作主的幸福感、

成就感、尊严感。所以人民群众喜欢共产党，真心接纳共产党，愿意跟共产党走。

第二，共产党为人民服务的能力赢得人民群众的信赖。大生产运动的成功，让群众看到了共产党有能力让老百姓过上幸福生活。环境恶劣的陕北"烂泥湾"，都能变成物产富饶的陕北的"好江南"，这让群众对共产党改善老百姓生活的能力充满信心。那时，中华民族正在遭受着日本帝国主义的蹂躏践踏，与此同时，国内许多进步人士都希望能够拯救这个多灾多难的国家，救民于水火之中。共产党在延安竖起抗日救国大旗，解决了他们想解决而无力解决的问题，因此他们对共产党充满了钦佩。于是小资产阶级、民族资产阶级、地主阶级中的开明绅士纷纷投奔到延安，聚集在延安这面"抗日救国"的大旗之下。这样，中国人民就在共产党的领导下，同心同德，一起杀向中华民族共同的敌人日本帝国主义，取得了近代以来中华民族反侵略战争的第一次伟大胜利。实践证明，中国共产党不仅具有保卫人民群众的生命财产、幸福家园的能力，而且更具有保卫国家主权独立，领土完整的能力。因此，支持中国共产党是人民十分情愿的事情！

第三，共产党的纠错能力赢得了人民群众的理解和支持。整风运动之前，全国各地有使命的进步青年、爱国人士纷纷投奔延安而来。随着革命力量的发展，党员队伍迅速壮大，党员素质良莠不齐，党的队伍充满了非无产阶级思想。投奔革命队伍的有工人、农民、民族资产阶级、城市小资产阶级，他们有着不同的出身、不同的经历、不同的思想渊源。例如，工人、农民投奔革命，最初的愿望就是为了解决吃饭、生存问题，过上好日子。民族资产阶级、城市小资产阶级投身革命，大多是本着政治目的，他们中的多数人出生在衣食无忧的富有家庭甚至名门望族，受过良好的教育，有一定的政治抱负和社会生活理想，但是全心全意为人民服务的能力还没有完全形成，这一点在刘少奇给陈毅同志的信中写得特别明确：在党员干部中存在着极端严重的官僚主义与宗派主义的作风，不少的干部是站在民众之上，而不是站在民众之中，他们是以民众的上司自居。这种现象，破坏了党在群众心目中的形象，使群众对共产党代表的阶级性质产生了质疑。这种不良的现象引起了党中央的高度重视，于是展开轰轰烈烈的整风运动。通过整风学习提高全党的思想认识水平，统一了思想。于是，呈现在老百姓面前的是一支纪律严明、作风优良、密切联系群众、全心全意为人民谋利益的服务型政党。因此，中国共产党又一次赢得了人民群众的理解、拥戴和全力支持。

三、延安时期水乳交融党群关系的启示

历史是一面镜子，也是对现实的教育。延安时期中国共产党培育形成的水乳交融的党群关系，对于新时代以中国式现代化推进强国建设、民族复兴伟业，具有深刻的启示和借鉴意义。

延安时期
党群关系水乳
交融的原因与
启示

第一，水乳交融般的党群关系是我党事业不断取得成功的基础。党同人民群众的血脉相连、甘苦与共的关系，是贯穿延安精神的一根红线，也是延安精神的根脉所在。共产党的根基在于广大的人民群众，离开人民群众这汪"水"，就不会有共产党这条"鱼"。百年来，中国共产党凭借着与人民群众构筑的"铜墙铁壁"，领导中国人民推翻了"三座大山"，建立了

新中国，开启了民族复兴的新征程，使历经磨难的中华民族迎来了从站起来、富起来到强起来的伟大历史飞跃。今天，随着时代的变迁，中国共产党所肩负的时代任务也随之不断调整变化，但是保持党同人民群众的血肉联系始终是中国共产党最重要、最核心的价值观念，也是中国共产党坚定正确政治方向的根本保证。因此，只有坚持马克思主义的群众立场，始终保持同人民群众的血肉联系，形成如延安时期水乳交融般的党群关系，我们才能在推动历史进步过程中不被某些特殊利益所羁绊，始终维护人民群众的根本利益；才能真正具备实事求是的科学态度，坚持真理，修正错误，使我党永葆青春活力；才能加强自我革新，不断舍弃私心杂念、荡涤作风之弊、行为之垢，保持党的纯洁性、先进性；才能聚集取之不尽、用之不竭的力量源泉，推动各项事业向前发展。正如习近平总书记所说："我们党来自人民、植根人民、服务人民，党的根基在人民、血脉在人民、力量在人民。失去了人民拥护和支持，党的事业和我们的工作就无从谈起。"历史经验一再证明我们的党一旦脱离人民，中国革命、中国特色社会主义建设事业就会走上弯路，遭遇挫折。只有紧紧依靠人民，始终与人民同呼吸、共命运、心连心，才能得到人民群众的真心拥戴，中国特色社会主义事业才会蒸蒸日上。

第二，水乳交融般的党群关系是党团结人民攻坚克难的法宝。19 世纪 40 年代，马克思和恩格斯在《神圣家族》一书中指出："历史活动是群众的事业，随着历史活动的深入，必将是群众队伍的扩大。"这深刻揭示了人民群众是历史发展的决定力量。20 世纪初，列宁强调："我们应当让人民群众享有发挥创造精神的充分自由……一切问题将由农民自己来解决，他们的生活将由他们自己来安排。"中国共产党在汲取马克思主义经典理论精华的基础上，丰富发展了马克思主义理论中有关群众与实践的内容，提出了"一切为了群众，一切依靠群众，从群众中来、到群众中去"的群众路线。共产党的群众立场是区分中国共产党与其他政党的显著标志。群众路线的实践方法是中国共产党践行全心全意为人民服务根本宗旨的行动指南，是一切工作的根本出发点。

延安时期，因为中国共产党模范地践行了党的群众路线，同人民群众建立了生死相依、患难与共的血肉联系，从而赢得了人民的真心拥护和全力支持，从而破解了一道道历史难题、闯过一道道艰难险阻，赢得了抗日战争、解放战争的伟大胜利。实践证明，只有我们与人民同甘苦，人民才会与我们共患难。只要我们与人民同呼吸，人民才会与我们共命运。

今天，驾驭着中国复兴号巨轮的中国共产党人，高扬"不忘初心、牢记使命"的光辉旗帜，指明了新时代共产党人服务人民和谐党群关系的努力方向。人心向背决定着一个政党的生死存亡，也决定着一个国家的前途命运，一部艰难曲折的中国共产党党史就是一部在实践中不断贯彻群众路线的历史。我们有理由相信：只要有中国共产党的正确领导，有强大的祖国，有千千万万将人民利益举过头顶的优秀共产党员，无论什么样的艰难险阻都难不倒英雄的中国人民。

第三，水乳交融般的党群关系是党执政为民的政治保证。中国共产党的自身建设得不到有效改善和提高，人民群众就不会心服口服地跟着走。延安时期，中国共产党不断探索管党、治党经验，重视人民当家作主的制度建设，忠实代表人民，始终维护人民利益；重视作风建设，增强党的自我净化、自我完善、自我革新、自我提高能力；严明党的纪律，引导广大党员树立崇高的政治理想、修炼纯洁的政治品质，打造良好的政治形象，因而与人民群众建立了水乳交融的党群关系。延安时期的经验告诉我们，要毫不动摇走中国特色社会主义政治发展道路，让人民群众在政治、经济、文化、思想等方面有发言权，有监督权，扩大人民群众有序政治参与，保证人民广泛参加国家治理和社会治理，形成生动活泼、安定团结的政治局面。因此，只有不断推进社会主义民主法治化进程，把权力放在制度的笼子里运行，为党群之间创造科学顺畅的沟通渠道，才能让群众真正感受到当家作主的幸福感；才能团结、调动广大人民群众跟着中国共产党披荆斩棘奋勇向前；才能聚心凝力，创造历史伟业；才能把我党为人民谋幸福的事业全面推向前进。

· 结 束 语 ·

希望大家把延安精神带回家，把全心全意为人民服务这颗种子带回家，种在各自家乡的土地上，让它开花结果，为建设美丽家乡贡献力量。

奋斗篇

永久奋斗

>>>>>>>>>>

永久奋斗

奋斗创造历史，实干成就未来。自古以来，勤劳勇敢、自强不息就是中华民族的底色，这种优良的民族传统渗透在无数中华儿女的血脉中，激励着一代又一代中国人为民族复兴不懈奋斗。

延安时期以毛泽东同志为主要代表的中国共产党人坚持"自力更生，艰苦奋斗"的精神，在"要么饿死，要么解散，要么自己动手丰衣足食"的严重财政经济危机下，号召边区军民开展大生产运动。在开垦南泥湾中，三五九旅战士们充分发扬革命乐观主义和革命英雄主义精神，不屈不挠，同心同德，"永久奋斗"，把昔日的"烂泥湾"变成了"陕北好江南"。解决了边区军民吃饭穿衣问题，也为中国共产党培养了一支会经营的人才队伍，培育形成了南泥湾精神。

在大生产运动中，各行各业涌现出了大批劳动模范，如赵占魁、吴满有、郝树才、陈振夏、黄立德等，他们不仅创造了巨大的物质财富，而且创造了丰厚的精神财富——劳模精神。这种忠于革命、乐于奉献、艰苦奋斗、自力更生的劳模精神成为动员和鼓舞边区人民战胜困难、坚持抗战，赢得民族解放和人民幸福的强大精神动力。

劳动开创未来，奋斗成就梦想。一切伟大成就都是接续奋斗的结果，一切伟大事业都需要在继往开来中推进。在实现中华民族伟大复兴中国梦的征途中，我们的蓝图宏伟已绘就，但奋斗的道路不会一帆风顺，需要我们再接再厉，一往无前。一切贪图安逸、不愿继续艰苦奋斗的想法都是要不得的，一切骄傲自满、不愿继续开拓前进的想法都是要不得的。艰苦奋斗精神需要一代一代传承下去。

正如习近平总书记强调的那样，新时代属于每一个人，每一个人都是新时代的见证者、开创者、建设者。奋斗是新时代的鲜明特征，新时代是属于奋斗者的时代，奋斗也是青春最亮丽的底色。新时代的青年学生要砥砺奋斗，在实现梦想的道路上勇往直前。让我们走进南泥湾，现场聆听三五九旅最后留守老兵的动人事迹，感悟"一把镢头一支枪，生产自给保卫党中央"的南泥湾精神，学习大生产运动中的劳模精神。

📖 想一想 做一做：

1. 经过 70 多年的建设和改革，我们国家的面貌、人民的生活都发生了翻天覆地的变化，全面建成小康社会第一个百年奋斗目标也已经实现。在这样的背景下，艰苦奋斗的传统和作风还要不要？毛泽东当年希望的"把我们党艰苦奋斗的传统好好发扬起来"还合不合时宜？

2. 艰苦奋斗是中华民族的传统美德，中华民族的发展史就是一部艰苦奋斗史，中国人自古以来讲的是"天行健，君子以自强不息"，"穷且益坚，不坠青云之志"，"劳苦之事则争先，饶乐之事则能让"，中华文化基因里充溢着艰苦奋斗的气质。革命战争年代，中国共产党继承和培育艰苦奋斗的优良作风，带领人民战胜各种困难和风险、不断走向胜利。毛泽东多次提出，要永远保持艰苦奋斗的作风。作为新时代的大学生，我们又应该如何传承艰苦奋斗的优良作风呢？

昔日"烂泥湾" 今日"好江南"

霍晓花

三五九旅战士在南泥湾开荒

[引 言]

　　当年八路军一二〇师三五九旅军垦之地，也是传唱已久的陕北好江南——南泥湾。今日的南泥湾，是山清水秀、绿草如茵、鸟语花香、稻香扑鼻的"好江南"。然而，昔日的南泥湾是杂草丛生、荆棘遍野、野兽出没、人烟稀少的荒芜之地，当时人称"烂泥湾"。延安时期，为了克服严重的物质生活困难，既要坚持抗战又要减轻人民负担，在这里，开展了前所未有的大生产运动。今天，让我们回望轰轰烈烈的大生产运动，品味以自力更生，艰苦奋斗为核心的南泥湾精神。

一、大生产运动的背景

开垦南泥湾的背景

1938 年秋天，武汉、广州先后失守后，抗日战争进入战略相持阶段。日军改变侵华策略，对国民党实行以政治诱降为主，对中国共产党及其领导下的抗日根据地实行重点进攻的战略方针，中国共产党领导的抗日根据地遭到日军的疯狂"扫荡"和"蚕食"，对陕甘宁边区首府延安从 1938 年 11 月到 1941 年 10 月的三年时间里，先后派飞机轰炸多达 17 次，投弹 1690 枚，妄图彻底摧毁敌后抗日根据地。

以蒋介石为代表的国民党顽固派实行消极抗日，积极反共的政策。蒋介石停发八路军和新四军军饷、停止供应弹药和被服等物资。并调集阎锡山、胡宗南、马鸿逵、邓宝珊等部 50 万大军，从东南西北四面围困陕甘宁边区，在西起宁夏，南沿泾水，东迄黄河，绵延千余里，设置了五道封锁线，构筑了 9200 多个碉堡，把陕甘宁边区像铁桶一样严密封锁。不让一粒米、一尺布进入边区，断绝对陕甘宁边区的一切外来援助，叫嚣着要"饿死八路军，困死八路军"。国民党通过军事上包围，经济上封锁，限制共产党的发展。

同时，因国民党抗战不力，大批爱国人士和青年学生纷纷涌向延安，陕甘宁边区的非生产人员大量增加。当时陕甘宁边区人口150多万，要担负干部、战士和学生将近10万人的费用，非常艰难。在边区高级干部会议上毛泽东说："我们曾经弄到几乎没有衣穿，没有油吃，没有纸，没有菜，战士没有鞋袜，工作人员在冬天没有被盖。国民党用停发经费和经济封锁来对待我们，企图把我们困死，我们的困难真是大极了。"

此外，陕甘宁边区原本就地广人稀、土地贫瘠，1939年、1940年、1941年又连续三年遭受自然灾荒，财政供给更加困难。

综合上述三方面得知，陕甘宁边区既要对付日本侵略者和国民党顽固派军事进攻，还要解决严峻的经济问题，困难重重。在这种情况下，党中央召开大生产动员大会，毛泽东说："饿死呢？解散呢？还是自己动手呢？"结论是"自己动手"。边区军民积极响应党中央号召，开展全体人民参与的大生产运动，南泥湾的大生产运动就是在这种情况下发动并开展起来的。

二、开展大生产运动的过程

（一）实地调研做准备

1940年5月，朱德总司令奉命从抗日前线回到延安。在王家坪军委大院，他看到干部们穿的是补丁衣，吃的是黑豆和野菜等，干部们因吃不好而脸色憔悴。大批战士更是饿得患上了夜盲症，冰天雪地里穿着夹衣，打着赤脚，总司令难受极了，意识到粮食和各类物资在这场战争中的重要性。于是，他提出在边区实行屯田垦荒建议，以减轻人民的负担，密切军民关系，同时帮助边区的建设，也改善部队本身的生活。

开垦南泥湾的过程与成果

161

1940年9月，勘察调研开始了，朱德、徐特立、张鼎丞、财经处处长邓杰和技术干部多人，亲临南泥湾和临镇等地。他们发现这里居住的人口很少，只有几户人家。在和其中一户老乡的交谈中，得知是四川逃荒老农姓唐，他对这里的环境比较熟悉。勘察队伍在老唐的带领和帮助下，白天翻山越岭，跋山涉水，查勘地形；晚上就地搭棚，夜宿荒山野岭，研究方案。此次勘察，还流传着朱德"一跤跌出了个南泥湾"的佳话。据说有一天，朱德一行正披荆斩棘，艰难行进中，突然脚底一滑，跌进一个山谷。随行人员急忙赶过去，只见他正望着一人高的野蒿，闻着两只手上的泥土味，随后捏了捏肥沃的土说，这里垦荒种田没有问题，还避免了和老百姓争土地耕种的矛盾。但勘察人员听老唐说这里的水是毒水，喝了得大骨节病。临走时，他们取走水土的样品加以验证，以求得真相。因当时延安偏僻和落后，化验条件极差，只得把样品送至重庆周恩来处，请求帮助。经化验得知，所谓的有毒是因腐化烂叶常年浸泡在水里，喝了对身体有害，但只要正确处理，水还是好水，适合人畜饮用。看着这里不仅水源充足，而且土地肥沃，面积广阔，开垦种田没有问题，经深思熟虑后，朱德提出军垦屯田。毛泽东和三五九旅旅长王震赞同朱德的主张，党中央这才决定军垦南泥湾。

1941年3月到1942年春，三五九旅六个团分四批，高喊着"一把锄头一支枪，生产自给保卫党中央"的口号，浩浩荡荡开进南泥湾。当时驻地情况是这样的：717团驻地临镇，718团驻地马坊，719团驻地九龙泉，旅部驻地金盆湾，四支队驻地三台庄。

三五九旅官兵在王震旅长的带领下坚持开荒练兵学习三结

合，向荒山进军，向荒山要粮的大生产运动从此开始了。

（二）艰苦奋斗求发展

三五九旅初进南泥湾，条件极其艰苦。没房子住，战士们就搭草棚或直接在梢林安营扎寨，解决住的问题；粮食不够吃，就在山上挖野菜掺进饭里煮熟吃，王震、陈宗尧、左齐等有时还带领大家到百里以外的延长县和甘泉县供应站去背粮。没有口袋，就将床单缝成口袋来背粮；没穿的，平时就缝缝补补穿军衣，热天光着膀子干活，最后用穿烂的裤条打草鞋穿；没生产工具，平均三个人用一把锄头，大家就集思广益，自己找废铜烂铁自制镢头等代替耕牛。在王震的带领下，战士们个个热情高涨，奋勇当先，做到逢山开路，遇水架桥。在极其艰苦的环境下，积极投身到轰轰烈烈的大生产运动之中。

大生产运动中，上至旅长兼政委王震，副政委王恩茂及副旅长苏进，下至勤务员和炊事员等，一律都参加劳动。他们提出"上至旅首长，下至伙夫马夫，一律参加生产，不使一个人站在生产战线之外"，"干部以身作则，领导不是指手画脚，而是动手动脚"。旅长王震在开荒种田中就起到模范带头作用，他自制一把大锄头，走到哪里就干到哪里，荒也就开到哪里，以致他两只手全是硬茧。还有被称为"独臂"将军的宴福生、左齐和彭清云，他们身残志坚，积极参加劳动。717团团政委宴福生自带"晏氏"小锄头，率先垂范，毛泽东为他颁奖题词"坚决执行屯田政策"，给以赞扬。718团团政委左齐因不便拿镢头，就尽其所能给战士们烧水做饭，并挑送上山。719团团政委彭清云除了给战士们烧水做饭外，其余时间都是用一只手帮大家除草。718团团长陈宗尧亲率领导小组把团部搬至山顶，他白天劳动，晚上办公。即使在生病期间，也认真完成任务，毛泽东赞誉他"打仗是英雄，生产是模范"。补充团团长苏鳌，负伤15次，伤痕20多处也从未停止劳动。连级干部与战士们更是做到了同劳动、同生产、同学习。在各级干部的带动下，战士们干劲十足，往往天不亮就下地干活，天黑了很久还不回营，以至于旅部为了保护战士，减少大家的劳动时间和强度，专门制定了"生产时不能早到和迟退"这条中外罕见的劳动纪律。

大生产运动中，为了加快生产进度，提高生产效率，三五九旅开展了劳动竞赛，连排班之间、个人之间，互相挑战，涌现出许多劳动模范。像718团班长李位在全团175名突击手比赛中，创造了一天开荒地达3.67亩的好成绩，后来教导营一队三排长刘顺清一天开荒4.11亩胜出，不久补充团的战士尹光普，又刷新了纪录。在旅部有名的"气死牛"也出现了，三五九旅94个开荒能手齐聚一起，排长郝树才拿着为自己特制的一把重九斤宽一尺的老镢头，比普通老锄头宽三寸重三斤。比赛中，郝树才凭借顽强的毅力和惊人的臂力，一天开荒竟达4.23亩，创造了全军开荒最高纪录。第二天农民马长福提出用牛和郝树才比试开荒，半天时间，牛在挥鞭前奔过程中走不动了，瘫在地上口吐白沫，倒地而死。于是人们说"一头牛也顶不上一个郝树才，真把牛给气死了"，郝树才因此被人们称为"气死牛"。这些劳动英雄在军民中起到了极大的模范带头作用，促使边区的大生产运动不断走向深入。在人民群众中也产生了许多劳动模范，如延安川口碾庄乡的杨步浩，给毛泽东、朱德代耕过；延安柳林吴家枣园的吴满有，开荒种田时主动给战士们传授种庄稼的经验。

在大生产运动中,三五九旅的战士们还根据南泥湾的环境特点,打破常规,试种水稻。供给部政委罗章是江西人,他同来自湖南的战士们尝试耕种旱地水稻,终获成功,被评为生产模范,毛泽东为他颁奖题词"以身作则"。后来,南方的战士们就种水稻,北方的战士们就上山开荒,各尽所能。昔日的"烂泥湾"成为"鱼米之乡",成为"陕北的好江南",就是这样创造出来的。军队人多,各种各样的人才都有,想尽各种各样的办法,大力发展经济。三五九旅在生产自给运动中坚持统一管理、分散经营、大家动手、各尽所能的原则,同时发展了农工商及运输业。他们饲养了猪、牛、羊、鸡、鸭等,建立了生产工厂,开办了商店和骡马店等,实现农工商有机结合,解决了部队其他生活用品的需求。1943年在西北局高干会议上,毛泽东为三五九旅颁奖题词"生产模范",为王震旅长颁奖题词"有创造精神"。这是对三五九旅指战员这种迎难而上、勇往直前、埋头苦干、勇于创新精神的高度赞扬。

(三)成果丰硕解困扰

南泥湾执行军垦屯田后,三五九旅指战员们发扬自力更生、艰苦奋斗的革命精神,在不到四年的时间里,粮食、蔬菜、牲畜等种养殖成效显著。1941年,种地1.12万亩,收获粮食1.2千石,收获蔬菜165万斤,养猪2000头,粮食自给一个月,经费自给78.5%;1942年,种地2.68万亩,收获粮食3.05千石,收获蔬菜362万斤,养猪1983头,粮食自给3个月,经费自给92.2%;1943年,种地10万亩,收获粮食1.2万石,收获蔬菜595.5万斤,养猪8410头,粮食经费全部自给；1944年，开荒种地26.1万亩，收获粮食3.7万石，养猪5624头，给边区政府上交公粮1万石，自给率200%，做到耕一余一。大生产运动中，三五九旅动手盖房667间，挖窑洞1264孔，建礼堂3座。购置、创造出农具上万件。兴办被服厂、木工厂、肥皂厂等30多个。运输队有牲口800多匹，运输员400多名，骡马店68个，生活达到全部自给。真正做到"自己动手、丰衣足食"，解决了当时物资缺乏的难题。

三五九旅在南泥湾大生产运动中的辉煌成果，得到了党中央的高度肯定，首长们纷纷前来视察，边区慰问团也多次到南泥湾进行慰问演出。1942年7月，朱德邀请徐特立、谢觉哉、吴玉章、续范亭四老同游南泥湾，看到一年里发生的巨大变化时，大家掩饰不住喜悦之情，尽兴写诗赞美。朱德感慨写道："去年初到此，遍地皆荒草。夜无宿营地，破窑亦难找。今辟新市场，洞房满山腰……熏风拂面来，有似江南好。"同行的吴玉章在《和朱总司令游南泥湾》诗中称颂："良田千万顷，层峦四面环。青山绕绿水，美丽似江南。"1943年春节，延安劳军团和鲁艺秧歌队80多人来南泥湾慰问人民军队，由贺敬之作词，马可谱曲，王昆演唱的《南泥湾》中唱道："到处是庄稼，遍地是牛羊……鲜花送模范"。句句充满对王震等劳动英雄和三五九旅官兵创业精神的赞扬，从此南泥湾名扬祖国大地。1943年秋，毛泽东被三五九旅的革命斗志和豪情所吸引，压抑不住内心的喜悦，同任弼时、彭德怀视察南泥湾。当在南泥湾展览馆看到战士们生产的南瓜、土豆、棉布、毛线等物品时，毛泽东连连夸赞。看到"牛羊成群猪满圈，肥鸭满塘鸡满院，粮食大丰收，瓜菜堆如山"这些丰收美景后，毛泽东非常高兴。尤其在吃饭时，看着战士们用自己种的菜，亲手做出了丰盛的美味佳肴，别提有多高兴。毛泽东表扬大家说："国民党要困死我们，饿死我们，它越困，你们越胖了，看！困的连柳拐病都没有了。困难不是不可征服的怪物，大家动手征服它，它就低头了。大家自力更生，吃的穿的用的都有了。目前我们没有外援，假定将来有了外援，也还是要以自力更生为主。"他对全旅官兵以苦为荣、以苦为乐、同心同德、勇于创造的革命精神大加赞赏。

从 1941 年 3 月至 1944 年 11 月，三五九旅官兵齐心协力，独立自主，艰苦奋斗，硬是把一个"烂泥湾"变成了"米粮川"，解决了经济困难，实现了经济完全自给，而且还支援了前线。1944 年 10 月，三五九旅主力接受新的任务，踏上南下征程，南泥湾随之移交其他机关后续管理。

三、南泥湾精神的内涵及其意义

（一）南泥湾精神的内涵

三五九旅在南泥湾轰轰烈烈的大生产运动，不仅创造了丰硕的物质财富，而且创造出极为珍贵的精神财富——南泥湾精神。

南泥湾是中国人民解放军军垦事业的发祥地，是南泥湾精神的诞生地，是大生产运动中的一面旗帜。南泥湾精神是延安精神最显著的标志。南泥湾精神，概括起来就是，中国共产党全心全意为人民服务，尊重群众的人本意识；是注重调查研究、实事求是的优良传统和工作作风；是自力更生、艰苦奋斗的创业精神；是党领导下的人民军队面对困难时敢于征服困难的革命英雄主义和革命乐观主义精神；是勤俭节约的奉献精神。

80多年前，在烽火连天的岁月里，英雄的三五九旅正是凭着这种精神，用钢枪保卫边区，用镢头实现自给，带动边区军民粉碎了国民党反动派妄图"饿死困死"我党的阴谋，创造了中国革命史上的奇迹，使南泥湾精神在祖国大地到处传颂，成为激励中华民族不断奋进的强大精神动力。

（二）南泥湾精神的意义

第一，从党的作风建设方面看，延安时期，我党在前所未有的困难考验面前，培养和锻炼了大批德才兼备、充满革命乐观主义与英雄主义的中国共产党党员。三五九旅指战员在极其艰难的情况下，保持乐观，迎难而上，战胜困难，取得胜利，他们完全具备了优良的作风。

中国共产党坚持把党性和人民性结合在一起，注重实事求是，调查研究，乐于奉献。延安时期，毛泽东发动边区军民在最艰难时期开展大生产运动，缓解了经济困难，减轻了人民负担，密切了军民军政关系和党群干群关系，出现了军民鱼水一家亲的局面。试想，若当年中国共产党不注重调查研究，继续在边区加征救国公粮，人民负担过多过重，党就难免在人民的骂声中生存。这样或许就会出现人民群众既不喜欢国民党也不喜欢共产党的局面，那我们的党很难得到发展壮大。

正因为以毛泽东同志为主要代表的中国共产党人，注重调查研究、实事求是，乐于奉献的优良工作作风，从实际出发，从党自身找问题，及时了解人民疾苦，减轻人民负担，研究制定出符合边区人民群众利益的正确路线、方针和政策，我们党才得到了人民群众的真心拥护，成为人民的大救星，党在实现战胜强敌中也不断发展壮大起来。新时代发扬南泥湾精神，有利于党风党建，在反腐倡廉方面意义非凡。

第二，从经济发展前途和人才培养方面看，延安时期，在反封锁斗争中，通过大生产运动，边区军民人人动手，发挥各自才能，自力更生、艰苦奋斗，促使边区农工商各个产业发展成为一种有计划有组织的经济模式，为陕甘宁边区在经济上开创了一条自力更生的新路子。在开荒种田中，为新中国在农垦事业上奠定了良好的基础，更创造出难能可贵的经济建设经验。同时培育和造就了一大批从事农垦的农业专家和人才，为我国的军垦建设提供了宝贵的人才资源和军垦建设经验，使新中国成立后在西北的军垦建设取得了巨大的成功。

第三，从今天大学生做人做事方面看，南泥湾精神强调自力更生，艰苦奋斗，是提升大学生个人修养的传家宝。延安时期，毛泽东穿的是带补丁的衣服，朱德总司令穿着用降落伞改制的背心，陕甘宁边区主席林伯渠的眼镜腿竟是一根旧麻绳。

随着经济的发展，社会物质财富不断增加，在今天的大学校园里，学生们已经不再为衣食住行问题担忧，而现实中的攀比之风、享乐主义、奢侈浪费现象却时有发生。有些学生根本不懂我国的近现代史就是一部艰难的发展史，更不知道当今我国仍处于社会主义的初级阶段，抛弃勤俭节约、艰苦奋斗的优良传统。

今天，在实现强国建设、民族复兴伟业的新征程中，仍然需要用艰苦奋斗精神来鼓舞斗志，引领前进。新时代，我们一定要传承先辈们艰苦朴素、廉洁自律的品质，发扬自力更生、艰苦奋斗的创业精神。

· 结 束 语 ·

新中国成立以来，我们依托延安精神及南泥湾精神，夺取了中国特色社会主义建设一个又一个的胜利。我们一定要学习好、传承好南泥湾精神，牢记党的初心使命，做新时代勤动手爱劳动的实干新青年，为国家的繁荣富强尽心尽力作出贡献。

延安时期陕甘宁边区劳模精神解读

黄 倩

1943 年陕甘宁边区召开劳模表彰大会

[引 言]

延安大礼堂建成于 1941 年 10 月，礼堂内部可容纳 1200 余人，正面门额上方"延安大礼堂"5 个大字是谢觉哉 1956 年 5 月题写的。延安时期，陕甘宁边区于 1943 年 11 月 26 日至 12 月 16 日和 1944 年 12 月 21 日至 1945 年 1 月 14 日在这里分别召开两届劳动英雄与模范工作者大会。就让我们一起走近这段历史中的劳动英雄，感触他们身上伟大的劳模精神。

延安时期，在陕甘宁边区各行各业均涌现出大批劳动模范，正是这个英雄群体形成的以"自力更生、艰苦奋斗"为核心的劳模精神，带动、鼓舞着广大人民群众不畏困难、共克时艰，并在中国共产党的领导下取得一个又一个的伟大胜利。他们和当年在战场上与敌人殊死搏斗、浴血奋战的战斗英雄一样，为民族、为国家、为人民作出了不可磨灭的贡献，永远值得我们尊重、敬仰。

一、延安时期陕甘宁边区大批劳模产生的原因

陕甘宁边区涌现大批劳模的原因

劳模的选拔与表彰最早开始于苏联的斯达汉诺夫运动。当年，苏联为了调动广大人民群众生产的积极性，大规模开展劳动竞赛，并在人民群众中树立斯达汉诺夫为标杆，号召大家向他学习，向他看齐，产生了极好的示范效应。苏联的经验给了正处在困难时期的中国共产党人以极大的启发。在大生产运动中，开展劳动竞赛、选拔表彰劳模活动，运用这种依靠积极分子、以点带面式的激励措施，激发全体劳动者的生产热情，发展经济，渡过难关。

延安时期，陕甘宁边区之所以出现大批劳模，可以归纳为主客观两个方面的原因。

第一，当年特定的自然和社会环境是陕甘宁边区大批劳模产生的客观原因。延安时期陕甘宁边区面临着极其恶劣的自然

和社会政治环境，主要包括三个方面：一是 1938 年 10 月，抗日战争进入相持阶段后，日本帝国主义对各抗日根据地实行疯狂杀光、烧光、抢光"三光"政策，根据地军民面临巨大的生存压力；二是国民党顽固派对边区实行军事包围和经济封锁，断绝对边区的一切外援；三是陕甘宁边区位于黄土高原腹地，本来就地广人稀、土地贫瘠，经济社会发展极端落后，加上 1939 年至 1941 年陕甘宁边区又遭遇连年的自然灾害。各种不利因素交织在一起，陕甘宁边区遇到了前所未有的困难。正如毛泽东所讲到的："弄到几乎没有衣穿，没有油吃，没有纸，没有菜，战士没有鞋袜，工作人员在冬天没有被盖"。在"要么冻死，要么解散，要么自己动手丰衣足食"的严峻形势下，毛泽东提出并倡导了大生产运动。随着大生产运动的展开，人们的劳动积极性被充分调动起来，劳动英雄及模范工作者开始大规模涌现。

第二，党中央及其领导人对劳模评选表彰活动的重视是陕甘宁边区大批劳模产生的主观原因。1943 年底和 1944 年底至 1945 年初，边区召开两次劳模表彰大会，毛泽东、朱德等中共最高领导人都参加并发表重要讲话，赞扬劳动英雄，肯定劳模作用，还非常关心劳模的宣传及推广工作的进展。例如，毛泽东在看到《新华日报》报道的奖励模范工人赵占魁的消息后，就立即给时任中共中央职委书记的邓发打电话称赞道："奖励赵占魁这件事做得很好，这不是奖励一个人的问题，而是全边区和其他根据地提高生产、改进工作的新生事物。平时我听说你们要找斯达汉诺夫，赵占魁同志就是中国式的斯达汉诺夫。你们把他的优点总结起来，树立标兵，推广到各工厂各生产单位去。"此外，毛泽东还亲自约见《解放日报》的记者莫艾，肯定《解放日报》将边区的生产新闻、劳动英雄事迹放在报纸的头版头条是"报纸的方向对了"。正是中共中央及以毛泽东为首的领导人对劳模评选表彰活动的高度重视，促使劳模表彰评选活动广泛而深入地展开，使其不仅成为边区经济建设的重要形式，更发展演化为边区民主政治、社会建设的有效途径。

二、陕甘宁边区劳模的典型代表

延安时期，陕甘宁边区产生的劳模成千上万，其中既有个人英雄也有模范集体。

（一）工业战线劳动英雄赵占魁

赵占魁是在党的培养教育下成长起来的特等劳动英雄。他是陕甘宁边区农具厂的一名普通炼铁工人，但他却是当时人们心目中的一位大英雄！

赵占魁，祖籍山西定襄，出身农民家庭。12岁就开始给人当雇工，先后干过打铁打钉、翻砂看火等工作，生活一直漂浮不定。直到1938年春，他报名参加了西北青年救国会，几经辗转来到了延安，被编入抗日军政大学第二大队（职工大队）学习。

当时，赵占魁来延安的目的并不是为了参加学习，接受革命教育，而是为了谋生计、讨生活。因此，当他领到抗日军政大学发的一套军服的时候还有点伤感，因为他想到旧社会流行的一句话"好男不当兵，好铁不打钉"。但是，当兵和打钉子的事全都让他给摊上了，他觉得自己的命太苦了，甚至还有离开延安的念头。

但是赵占魁在抗大学习一段时间之后，开始懂得了革命的道理，明白了在延安参加革命工作，是光荣的，是为了消灭日本帝国主义，建设新中国。这和当年自己在国民党统治下的山西替阎锡山卖命，性质是完全不一样的。经过革命教育，赵占魁的精神面貌发生了巨大变化，思想觉悟大大提高，还光荣地加入了中国共产党，成为陕甘宁边区农具厂的一名工人。对照过去苦难的生活，赵占魁不禁感慨地说："过去我的血都快被资本家榨干了。而今42岁，才找到了自己的家。"

赵占魁当时所在的农具厂是边区政府为了满足农业生产和战争需要，紧急建立起来的，条件十分艰苦，连个翻砂房子都没有，工具和模型都在露天里放着。赵占魁对这些工具十分爱惜，就像对待自己家里的一样，每次遇到晚上下雨时，他都会赶紧起床，把这些工具和模型都搬进屋来，大件搬不动的，他就用旧油布盖住。按照厂里的规定，这算加班，是应该发加班费的。但是，就是这个当年为挣几个养家糊口的钱而走南闯北的汉子，面对厂里主动给的加班费，他都不要，他还说："给家里干活，还分白天黑夜吗！"

赵占魁的工作就是每天守在一两千度高温的铁炉旁，一勺一勺地将铁水倒进模型，铸成犁和镢头等急需的劳动工具。因为铁炉温度实在是太高，即使是烈日炎炎的夏天，工作时也得穿老羊皮袄或者石棉衣，腰间围着皮裙，终日汗流浃背。就这样多年如一日，赵占魁每天都在铁炉旁工作至少八九个小时，开炉时，甚至要连续工作十几个小时。工作环境如此艰苦，他从未抱怨过一句，而是把全部精力都用在工作上，因为他懂得多生产一把农具就能够多种出一点粮食、多生产一颗手榴弹就可以多消灭一个鬼子。

因为炼铁炉最高温度能达近 2000 度，赵占魁的工作还有一定的危险性。有一次，他正像往常一样工作时，铁水突然窜出来，伤到赵占魁的一只脚，他当时就晕倒在地上了，大家赶紧把他送到医院。但是他在医院没待几天就出院了，拄着拐杖继续工作。临走时，还把工友们看望他时送的一些慰问品都送给了医院的其他病人，慰问金也一分没用，全部都捐献给了在一线抗战的八路军战士。

正是在翻砂看火这样平凡的工作中孕育着赵占魁崇高的敬业精神，孕育着那个时代新劳动者的精神！赵占魁总是说："工厂是党办的，我是党员，工厂就是我的家。"工作时就像给自己家里干活一样卖力气，对待工具就像是自己家里的东西一样爱惜；他把工友当家人、当兄弟，谁有困难就热情的帮助，无私地向青年工人传授技艺，没有半点保留。整个农具厂上至厂长，下至普通员工，提起赵占魁无不竖起大拇指！就是这样一个普普通通的工人，没有多高的文化程度，但他却懂得为了什么而工作，为谁而工作，因此受到领导和同志们的尊重。

（二）劳动模范集体三五九旅

延安时期，三五九旅自力更生、艰苦奋斗的英雄事迹家喻户晓。官兵们以"一把锄头一支枪，生产自给保卫党中央"的战斗姿态，凭借着强大的集体智慧、高涨的劳动热情和勤劳勇敢的双手，硬是把昔日荒无人烟的"烂泥湾"变成陕北的"好江南""米粮川"。

南泥湾当年是一望无际的荒山野岭，山坡上荆棘丛生，齐人高的野草，虎狼成群，夜晚经常能听见狼嚎虎啸的声音，令人毛骨悚然，树林里黑暗阴森的溪流里，还散发出腐烂的枯木和野兽的尸体的味道。在这样的环境下生存都存在很大的问题，部队刚到的时候，遇到了许多难以想象的困难。

摆在眼前最棘手的问题就是没有吃的、没有房子住。王震给大家说：这就要凭着我们自己这双勤劳勇敢的双手去创造了！我们八路军战士大部分是劳动人民出身，有农民，有工人，有木匠，有石匠……七十二行，哪一行也难不倒我们！

在王震旅长的带领下，大家放下包袱就上山割野草、砍木头，搭起了一排排简陋的窝棚，铺上野草当床，用土坯当枕头，一条毯子就是全部的行李。有一次，一连下了几天的雨，窝棚里到处都湿透了。大家劳动一天回来钻进像冰窖一样的毯子里，冷得浑身打哆嗦，战士们只好抱在一起，裹着毯子坐着打瞌睡，条件的艰苦程度真的是一般人难以适应的。

部队吃的粮食要到100华里外的延长去背。没有装粮食的口袋，就把裤子扎上裤腿当口袋，还有的战士把睡觉用的毯子卷成长筒，再把两头捆上装粮食。背一趟粮食，天气好来回也得走三四天，如果遇上雨雪天气，就得走一星期左右。最艰苦的时候，一个班12个人，中午一共才分到一小碗饭。吃菜更是奢侈，大部分时间吃的都是战士们挖的野菜、摘的树叶。

战士们穿的衣服也是夏天勉强蔽体，冬天不能御寒。开荒时，还要在荆棘中不停地穿来穿去，衣服磨损得特别快。为了节省衣服，有的战士就光着膀子劳动。长裤磨破了就剪成短裤穿，短裤也磨破了再改成裤衩穿，裤衩也没办法穿了，就扯成布条来打草鞋用，或糊成布片纳成鞋底，反正是舍不得浪费一点点布头。为了解决穿衣问题，战士们每天上山劳动时口袋里都装着一个线坨坨，抓紧利用休息的时间捻毛线。

虽然大部分指战员都是农民子弟，但是因为长期参加战斗，很长时间没拿过锄头了，刚开始开荒种地时非常不适应，满手都磨出了大血泡，腿像灌了铅似的沉重，一到晚上全身骨头疼痛难忍，更夸张的是到第二天早上，有的战士手疼得都伸展不开了，但他们仍然扛起锄头，唱着豪迈的歌曲，继续上山劳动。因为他们明白：在这样特殊的时期，革命需要生产，生产就是革命！经过不断的劳动实践，战士们的垦荒技巧越来越多，效率也明显提高了。

三五九旅打仗是尖兵，生产是英雄！经过短短的三年时间，在王震旅长的带领下，战士们凭着一股革命豪情，把困难一个一个地给克服掉了：缺乏开荒经验，王震就请当地的生产英雄来亲自指导；没有工具就自己学着铸铁制造，硬是在既无设备又无技术的艰苦条件下，用70多天成功炼出了第一炉铁，制造出了开荒工具；大胆试验，从实际出发，探索出旱地、水地一起种的路子，成功种出了旱地水稻。还积极发展农副业，开商店，办合作社，坚持农工商并举。经过努力，三五九旅创造了有史以来部队不吃公粮反向政府交公粮的奇迹。这支英雄的队伍成为陕甘宁边区大生产运动的一面旗帜，毛泽东亲自给颁发了"发展经济的前锋"的锦旗，还给王震、何维忠、晏福生、罗章4位劳模题词表彰，称赞王震"有创造精神"。三五九旅成为当之无愧的模范集体，陕甘宁边区到处洋溢着"学习那南泥湾，处处是江南，又战斗来又生产，三五九旅是模范"的歌声。

除了以上提到的个人英雄和集体模范的两个典型劳模代表外，延安时期，陕甘宁边区还涌现一批劳动英雄和劳动模范，比如，农业战线劳模吴满有，合作社劳模刘建章，机关劳模黄立德，妇女劳模马杏儿，"二流子"劳模刘海生……涵盖各行各业、社会各个阶层，带动和鼓舞着广大人民群众与中国共产党同心同德、共克时艰。

三、延安时期陕甘宁边区劳模精神的当代价值

延安时期，陕甘宁边区的劳模们不但在生产战线上成绩卓著，创造了巨大的物质财富，他们身上闪烁的伟大劳模精神更是为广大人民群众树立了榜样。

陕甘宁边区劳模精神启示

（一）学习劳模精神，发扬自力更生、艰苦奋斗的优良传统

自力更生、艰苦奋斗是延安时期陕甘宁边区劳模精神的核心内容，是延安精神的原生态之一，而且是延安精神中最有特色、最能反映延安精神本质的一种精神。在那个艰苦的年代，自力更生、艰苦奋斗的精神品质体现在每一位劳动者身上。自力更生、艰苦奋斗是我们的优良传统。艰苦奋斗，重在奋斗，我们今天讲艰苦奋斗，就是要发扬它的奋斗精神。当前，个别西方资本主义国家，对我们采取贸易保护主义政策，运用经济、法律等各种手段设卡，禁止高技术产品出口给我们，企图对中国进行长期的遏制和打压。可见，真正的核心技术是买不到的，更不可能轻而易举得到，从长远来看，我们还是要练好"内功"，始终坚持自力更生、艰苦创业。一个没有艰苦奋斗精神作支撑的民族，是难以自立自强的；一个没有艰苦奋斗精神作支撑的国家，是难以发展进步的。自力更生、艰苦奋斗必将成为民族自立、国家强盛的永恒的法宝。

（二）学习劳模精神，树立尊重劳动、劳动光荣的良好社会风尚

延安时期，陕甘宁边区大规模劳模评选和表彰活动，一方面是为了解决当时的物质困难，另一方面是为了营造"劳动者是幸福的，也可以成为英雄"的劳动光荣观念。新中国成立以来，中央先后召开了15次全国劳模表彰大会，从某种程度上可以这样说：一部劳模史就是中华民族崛起的奋斗史、振兴史和发展史。新时代，虽然产业结构发生了变化，社会分工也更加精细、明确，但是不会改变劳动是创造价值的唯一源泉。正如习近平总书记所说，"人世间的美好梦想，只有通过诚实劳动才能实现"，这是亘古不变的真理。今天，中国的经济正从高速度增长阶段向高质量发展阶段迈进，需要更多的知识型、技能型、创新型劳动者，我们要以时不我待、争分夺秒的精神状态投入到新征程，争当先锋、争作表率，让尊重劳动、劳动光荣的意识在中华大地生根、开花、结果，让诚实劳动、勤勉工作在全社会蔚然成风。

（三）学习劳模精神，保持忠于革命、乐于奉献的良好精神状态

延安时期，忠于革命、乐于奉献的精神品质是陕甘宁边区劳模的共同特点。劳模精神具有鲜明的时代性，每个时期的劳模，都是该时代的精神符号和力量化身。延安时期陕甘宁边区的劳模如此，新时代的劳模亦是如此。比如，在全国上下共同抗击新冠疫情的日子里，已是耄耋之年的钟南山却毅然奔赴武汉，还有全国各地千千万万与生命赛跑的医护人员、保卫大家安全的解放军战士、坚守岗位的执勤人员、默默奉献的环卫工人、穿行在大街小巷的快递小哥……他们依然在为我们的岁月

静好而负重前行。他们的岗位或许并不显贵，但他们的精神弥足珍贵；他们的事业或许并不惊天动地，但他们的品质足以感天动地，这就是新时代"忠于革命、无私奉献"劳模精神的深刻表现。

· 结 束 语 ·

延安时期，陕甘宁边区的劳模事迹和劳模精神绝不仅仅是一段供我们缅怀的历史，在前进道路上，我们要始终弘扬劳模精神，树立劳动光荣理念，为中国经济社会发展汇聚强大正能量。新时代，信息技术、人工智能飞速发展，劳动方式在变迁，劳动的内涵也在更新，但"爱岗敬业、争创一流，艰苦奋斗、勇于创新，淡泊名利、甘于奉献"的劳模精神将永远都不会改变。让我们以一种学习劳模、尊重劳模、崇尚劳模、争当劳模的精神将中国特色社会主义伟大事业推向前进。

一片丹心照日月

—— 爷爷的故事

张玉玲

1972年12月，三五九旅旅长王震重返南泥湾与三五九旅老战士合影。二排左起第六位是王震旅长，一排左起第三位为三五九旅干休所所长张志财同志

[引 言]

我爷爷是红军老战士，他的一生和南泥湾结下了深厚的情缘。20世纪70年代，常常有记者要来采访他，但他从不接受。他说："爬雪山、过草地，那么

多红军都没走出来，战争年代那么多战士都牺牲了，我现在还活着，我生活得很好，我没啥要说的。"爷爷说话时抖动的胡须、凝重的表情、果决的神态和拄着拐杖决然地转过身的背影，至今还清晰地印在我的脑海里。

我的爷爷叫张志财，1902年生于安徽省六安市金寨县南湾村，1929年参加红军，1933年入党。1936年10月长征到延安，在长征途中任红四方面军30军特务营警卫一连连长。1937年随八路军一二〇师第三五九旅赴山西抗日前线。1939年被送到八路军后方陕西延川县第二兵站医院养伤，后被任命为第二兵站医院站长。1941年春随三五九旅进驻南泥湾，投入大生产运动，任旅部干休所所长。1945年退伍，留守南泥湾三五九旅旅部所在地金盆湾村当农民，1994年病逝。

爷爷在世92年，党龄61年，南泥湾53年的守护，就为了他常说的那句话："我是党的人"。他的头上、身上、腿上有十几处伤疤，每一处都有一个不为人知的故事。从他参加红军，加入共产党那天起，他就选择了信仰、忠诚与奋斗。

今天，我不讲爷爷一家四个红军、九人被杀的悲壮；不讲爷爷跟着红四方面军，数翻雪山，三过草地，吃皮带、喝马尿，两次差点殒命草地的艰险。我要讲的是爷爷跟着王震旅长，进驻南泥湾开展大生产运动，以及退伍后，留守在南泥湾三五九旅旅部所在地——金盆湾，对党忠诚，信念坚定，艰苦奋斗，克己奉公，用行动和生命守护自己的初心，守护南泥湾这个精神家园的故事。

一、进驻南泥湾，开荒种稻

进驻南泥湾、开荒种水稻

长征最后一次出草地时，爷爷的膝盖被藏族反动武装的子弹打穿。到延安后，爷爷先是在延安城东拐卯的干部休养连养伤，伤好后，随三五九旅奔赴山西抗日前线，腿部再次受伤，被送到了后方的兵站医院，后来被任命为陕西延川第二兵站医院站长，一边养伤，一边工作。由于腿部两次受伤，他的腿高度弯曲，伸都伸不直，走起路来一瘸一拐，为了不影响工作，爷爷每天坚持锻炼、坚持扳腿，一年多时间，他硬是把腿扳直了，走路看不出毛病。那时我还小，但每次听到这，我就不由得心生敬意，敬佩爷爷是一条硬汉子。

当时的陕甘宁边区，在国民党 40 多万大军、五道封锁线的严密包围和封锁下，进入了抗战中最为艰苦的岁月。边区军民几乎到了没衣穿、没粮吃、没鞋袜、没被子盖的地步，边区政府的生存也日益艰难。在这革命面临严重困难的紧要关头，党中央和毛泽东发出了"自己动手，丰衣足食"的伟大号召，1941 年春，爷爷随三五九旅全体指战员，在旅长兼政委王震的带领下，进驻南泥湾开展大生产运动，爷爷任旅部干休所所长。

爷爷说："队伍刚开进距离南泥湾十几公里的金盆湾沟里时，看到的是高大茂密的树木和一人多高的蒿草，人走进去阴森森的。野狼、豹子、黄羊等各种野兽常常会在你没有任何防备时，突然从你身边树林里窜出来，有的战士还遭到了野兽袭击。河滩沟底溪流清澈，但却浸泡着腐烂的枯木树叶，脚踩进去淤黑泥泞，有的地方有野兽的尸体，散发着腐臭的味道。"面对荆棘丛生，生存条件异常艰苦的自然环境，战士们开荒的热情却愈发高涨，干劲十足。没有工具，大家就想方设法搜集废铜烂铁自己打造；没有住的，他们就砍来树干、茅草，再用泥巴一糊，窝棚就搭成了；没有吃的，部队就派人到百里之外去扛。每人每天只能分到四两粮，吃不饱，他们就挖野菜、剥榆树皮，再掺上一点儿玉米面或黑豆钱钱、荞麦一起煮成粥来吃。

爷爷认真地回忆着，我忍不住插嘴说："山上那么多野兽，你们不会用枪打，打了不就有肉吃了。"爷爷说："山上野兽是很多，但不能用枪来打，因为子弹很金贵，所以战士们只能自制工具，用土办法打猎，偶尔大家也能分到一点儿野兽肉，大家就高兴得像过年一样。"为了尽早做到生产自给，三五九旅当时的要求是："全体参加生产，不让一个人站在生产线之外，上至旅长下至伙夫、马夫，一律参加生产"。王震旅长还规定"干部要以身作则，不是指手画脚，而是动手动脚"。根据他的意见，旅部机关干部和各种勤杂人员都编成了生产小组，爷爷他们干休所也不例外。当时，来他们干休所休养的是战斗中的伤残人员和身体不好或生病的干部。有的人第一天发高烧来到干休所，第二天烧一退就下地开荒。当时有一个叫左齐的独臂政委，不能拿镢头，但他也从不闲着，每天给战士们烧水、送饭。

开垦荒地为了不落在其他小组后面，一天，他们干休所生产小组成员商量好，晚上都不脱衣服，枕着镢头把睡觉。早上起床号一响，他们抱起镢头第一个就冲上开荒区。没想到远远地就看见司令部开荒区，有个人抡着老镢头在挖地，走近一看，原来是王震旅长。大家劝他说："首长工作那么忙，我们一人多挖一镢头就行了。"王震旅长说："我挖是我的，你们挖是你们的，你们代替不了我。"王震旅长以身作则，率先垂范，极大地鼓舞了士气，大家争先恐后，你一镢头我一镢头，干得更欢了。

在大生产运动中，三五九旅从旅长到战士可以说是"八仙过海，各显神通"，有什么本事都有用武之地。会打铁的就开铁匠铺，会木活的就开木器加工厂，会做生意的就去开骡马店、合作社。爷爷也整天琢磨着能干点啥，经过观察，他发现金盆湾水源充足，地理条件和气候也与安徽老家有点相似，就想到了种稻子。他把自己的想法跟向志清、小老杨等几个湖南、四川和贵州的战友说了，大家很兴奋，觉得这个主意不错。于是他们跑遍了金盆湾的沟沟岔岔，最后商量决定，在河沟两岸开垦稻田。他们一起去找七一八团的陈宗尧团长，团长立刻答应了他们的请求，并派了一个连，沿着河滩散开，在野草地上，突击开垦稻田。

爷爷等几个人就理所当然成了种稻指导小组的"技术员"，他们跑前跑后，告诉大家修稻田要先修水渠，水能到哪儿，地就修到哪儿；他们还教大家修田埂、耙地。几天下来，大家都有经验了，速度也一天天加快，河滩上大片的稻田开垦出来的时候，他们育的秧苗也长出来了，他们又忙着教大家分秧、插秧。那年秋天，虽然由于对陕北霜冻比较早这一气候特点不是很了解，插秧有点迟，打下的稻子有些颗粒不够饱满，但可以在陕北吃上自己种的大米，大家还是很高兴。后来有人初步估算了一下，一亩稻田的收入要顶上十亩旱地呢，大家更是感到自豪！

爷爷只是三五九旅的普通一兵，他所做的也正是三五九旅每个指战员都会做的。在大生产运动中，三五九旅以其辉煌的成绩成为大生产运动的一面旗帜，毛泽东亲自为王震题词"有创造精神"。三五九旅也涌现出了一批传颂至今的劳动英雄：有七一八团的劳动英雄李位；边区特等劳动英雄郝树才；边区最小的纺线能手小吴萍；等等。可让爷爷最为自豪的还是他们打破了陕北只种旱地的传统和常规，在南泥湾这个从没见过水稻的地方种出了水稻。

二、胡匪犯延安，藏粮又送鸡

我的奶奶叫向秀英，生于四川省苍溪县，15岁就参加了红军，是红四方面军妇女独立团的一名红军女战士。嘉陵江战役攻打剑门关，危急时刻，爷爷救了她，后来他们结为革命伴侣。由于长征途中种种遭遇，奶奶得了痨病，到延安后，常年咳嗽不止。爷爷也因为腿部、头部等身体多个部位受过伤，留下了后遗症，日常起居常常感到力不从心。加之大姑和爸爸年龄又小，爷爷一看家里这种情况，不想给部队添麻烦，就于1945年申请退伍了。

胡匪犯延安、藏粮又送鸡

1947年胡宗南进攻延安，王震旅长派人来接他，让他随部队转移，说因为爷爷和奶奶都是外地人，不会说陕北话，留在当地太危险。爷爷说："我身体不好，老婆有病，孩子又太小，跟着部队容易暴露目标，会拖累部队，我不想给部队添麻烦。"旅参谋长只好交代爷爷和几个退伍的同志留守，守护木器加工厂、养鸡场、军人服务社等；旅参谋长还交代爷爷，敌人来了必须走的时候，带领同志们，尽量往北转移。爷爷欣然接受了组织交给他的任务，庄重地行了一个军礼说："请首长放心，我是党的人。"然后，目送部队开拔。后来爷爷跟我说，那是他这辈子行的最后一个军礼！

爸爸说他那时就是五六岁的样子，印象最深的就是每天下午跟着大姑到木器加工厂周围的草堆里收鸡蛋，一收就是一筐。木器加工厂还存放着许多粮食，还有牛。胡宗南进攻延安时，爷爷他们就在地下挖了个大坑，把粮食放进坑里，上面盖上干草，再用土埋起来。想到参谋长交代敌人来了后尽量向北转移的话，爷爷就觉得自己的部队一定在北面。他把鸡装在麻袋里，两个麻袋口用绳子一扎，搭在牛身上，让爸爸骑在牛背上，紧紧抓住麻袋口，准备把鸡送给部队吃。他们从金盆湾出发，沿着松树林沟，一直往北，走到榆林的靖边也没找到部队。他们白天赶路，晚上就借宿在老百姓家。麻袋里的鸡捂了一天很多都死了，爷爷就送给老百姓吃。途中他们多次遭遇国民党部队搜查，村里的男人们就领着爷爷跑到山上。奶奶跑不动，婆姨们就给奶奶换上陕北女人的大襟衣裳，把锅底的黑抹在奶奶脸上，让她装哑巴，就这样他们几次躲过敌人抓捕。

1948年4月，延安重新回到人民的怀抱。爷爷也回到南泥湾，从此就定居在三五九旅旅部所在地金盆湾，直到1994年去世，他在这里一待就是49年，可以说是三五九旅最后的留守兵。

三、心甘情愿当农民，不给政府添麻烦

新中国成立后，爷爷的战友大多进了城，有了新的岗

位，也有的回了老家，政府给安排了工作，可爷爷由三五九旅的一个副团级干部，变成了一个地地道道的农民。但他始终保持着一个老革命、老党员对党忠诚、克己奉公的初心，发扬自力更生、艰苦创业的南泥湾精神，积极带领当地农民投身到社会主义建设之中，先后担任过互助组组长、农业合作社社长、大队书记、公社管委会主任。记得小时候我们那一道川（我们家方圆十几公里）的人，大家都尊敬他、爱戴他；那些游手好闲的"二流子"也是恨他、怕他。提起爷爷，村里的老人们都直竖大拇指，他们说："你爷爷呀，人家不愧是三五九旅留下来的，不仅能吃苦，工作作风也硬"。从互助组到人民公社，爷爷用部队的工作作风，用三五九旅开发南泥湾的劲头儿，带领大家起早贪黑，日夜奋战，架桥修路、修梯田、修水库，平整土地大搞农田基本建设。记得上小学的时候，每天放学回来，我和弟弟不仅吃不上饭，我还常常要做饭给奋战在农田水利建设工地的爷爷和妈妈送饭。有一次走在刚修好的水渠上，因为天黑，路不平，又突然下起了雨，我有点害怕，拔脚就跑。没想到脚下一滑，手里端着的一小盆米饭和菜，全扣到地上，我吓得哇哇大哭。提着盆儿来到工地，看到爷爷在泥水里一瘸一拐领着大伙干得正欢。妈妈走过来，看到我手里的空盆啥话也没说，轻轻地把雨水和泪水贴在我脸上的头发捋了捋说："上游的水库修好了，这几天开始放水了，这段水渠地基渗漏坍塌，你爷爷的脚被石头砸伤了都不肯回去，你就在这等我们干完一起回吧。"那天我居然等着等着睡着了，是爷爷背我回来的。

邻居李大妈也告诉我，1958 年爷爷已经是公社管委会主任，管着好几个大队，整天忙得连家都顾不上回。有一次，奶

甘愿守清贫、忠诚永不变

奶病了，咳嗽得气都喘不上来，两天都没下炕、没吃饭，要不是她发现了给送了吃的买了药，奶奶恐怕早就没命了。爷爷五六天以后才回来，对她很是感激，可工作起来爷爷却六亲不认。大炼钢铁时，村里的男人们都被抽调走了，农活就留给了妇女和老人们。爷爷白天跟男人们一起干活，晚上回到村里还组织妇女和老人们，打着火把收庄稼，平整土地搞农田基本建设。李大妈那时因为孩子小想请假，爷爷不准，她背着孩子在地里干活，心里对爷爷有些怨恨。到了地里，她发现村里两个从来不干活的"二流子"，也被爷爷叫民兵给押来了。每个人都划分了任务，干得又快又好的可以先回家，干不完的不许回家。爷爷第一个完成了自己的任务，又过来帮她干，说："你孩子小，就先回吧。"后来她听说，爷爷陪最后一个人干完活已经是后半夜了，可第二天天不亮就又跟着男人们走了。李大妈跟我说："人心都是肉长的，你爷爷这么没明没黑地干，又不比我们多拿一分钱，我们还有啥怨恨的！"

就这样爷爷一干又是20多年。后来爷爷的年纪大了，干不动了，但他也很少闲着。记得每到晚上，村里的大人和孩子们都会聚集在煤油灯下，听爷爷讲三五九旅大生产的故事。我们那里的小学、中学每学期也都会请爷爷去讲红军长征的故事，每次都是我和同学们在架子车上放把椅子，拉着爷爷去的。当时的五七干校、知青点、公社的机关单位也常请爷爷去讲革命传统。

20世纪60年代国家困难时期，我们家的生活也更加艰难。退伍后长年咳嗽不止的奶奶，吃药打针都没效果，刚刚40岁就去世了。"四清"运动中，爷爷和爸爸被定为"四不清"，都被免了职，查了一年多，最终证明是清白的。和爸爸同样遭遇的人都被安排了工作，爸爸让爷爷跟公社说一下，也给他安排个工作。爷爷却说："不去，如果政府需要，政府会找你的。"

我刚出生时，我们家仅有的一孔窑洞还是生产队的羊圈改建的。考虑到妈妈在月子里，窑洞就让给我和爸爸妈妈住，爷爷和二爸就住在院子里搭的简易棚子里。那年的冬天很冷，雪下得很厚，爷爷头上、身上都受过伤，身体本来就不好，一下子病倒了，两条腿也冻肿不能下地走路。爸爸实在是看不下去了，越想心里越不是滋味儿，于是就偷偷给时任国务院副总理李先念写了一封信。信是以爷爷的名义写的："首长，您好！我叫张志财，在长征途中我是 30 军特务营警卫一连连长，曾担任您的警卫工作，多次跟着您出生入死，有惊无险。战斗之余有空的时候，您常常泡在我们一连，我的名字还是您教我写的。最后一次出草地时，我的膝盖被藏族反动武装的子弹打穿，看着饥饿、疲劳的战士抬着我走得摇摇晃晃，实在是太艰难，我决定让他们把我留下。是您让警卫员叫人来把我抬了出来，要不是您，早在过草地时我就牺牲了。"最后爸爸在信里说了爷爷的身体情况和家里的艰难状况。

没想到 20 多天后，我们家突然来了两个穿中山装的人，说首长让接爷爷去北京看病。可爷爷说什么也不去，他不愿给首长添麻烦。据说，爸爸写的信上有李先念副总理的亲笔批示："据回忆确有此人，像这样的革命老同志，当地政府在生活上应予以照顾，后代子女应优先考虑安排工作。"为此，爷爷大发雷霆，把爸爸臭骂一顿，罚爸爸跪在雪地里，说他不该给首长写信，不该给政府添麻烦。

爸爸说爷爷一辈子都是党的人，他从不会因为家里的事、个人的事去找公社、找政府，也不让家里人去，也从来不让干跟党的政策不一致的事。

20世纪60年代那么困难，村里很多人开了自留地，爸爸也想开一块儿补贴家用，爷爷不让，说国家没政策。直到后来国家允许了，他才开了自留地，种了点儿经济作物。国家那时又搞统购统销，烟叶私下卖5元，公家供销社收1元多；麻私下卖1元多，供销社收0.45元。爷爷让爸爸全部送给供销社，一两都不能私下卖。有一年，爸爸种的烟叶长得非常好，有人私下收购，找到家里来，说给6元1斤。爷爷坚决不让卖，坚持全部送到供销社1斤1.5元卖了。

更让我和弟弟们当时不能理解的是，别人家孩子可以做的事，我们不可以。印象最深的就是玉米长穗儿的时候，玉米秆儿也甜了，村里的孩子常常偷偷掰生产队的玉米秆儿嚼着吃。有一次，我弟弟也偷着掰了两根儿，我们高兴极了。可我们刚吃了一口，爷爷回来发现了，训斥我们："公家的东西，你们怎么能随便拿。"弟弟为此挨了爷爷两拐棍，爷爷还硬逼着我们把玉米秆送回到地里。

20世纪70年代中期，安徽省金寨县人民政府给爷爷发了个邀请函，邀请当年离家当红军和参加革命的老同志回家乡，提出给我们全家解决城市户口，并给子女安排工作。当时我们家除了爸爸有工作外，大姑、二姑都在农村，二爸也刚刚初中毕业，他们都心动了，一起去找爷爷。爷爷只说了一句话："不回去，不要给政府添麻烦。"

1972年12月，王震旅长回延安，延安县政府派人到家里接爷爷去南泥湾大生产运动展览馆和首长见面，别提爷爷有多高兴了。爷爷说："首长和我们这些三五九旅的老战士一一握手，大家都激动得热泪盈眶，首长的眼睛也湿润了。"首长跟他握手时，他告诉首长，自己当年是旅部干休所所长，多次到旅部开会请示工作，首长握着他的手久久没有松开，笑着说："记得，记得。"并亲切地问他生活得怎么样，吃的、穿的、用的有没有困难，他赶紧大声说："没有困难，我现在生活很好！"最后首长跟大家合影留念。

1994 年，爸爸调到延安工作快十年了，我们都想让爷爷到城里来安享晚年，可无论怎么做工作爷爷都不肯离开南泥湾，万般无奈我只好骗他说："王震旅长又回延安了，首长要见您！"他才高兴地上了车。开始他天天闹着要见首长，再后来就不太爱说话了，没想到不到半年他就离我们而去。他是半夜得病，昏迷不醒，社区的医生来了，也查不出什么毛病，只是没有血压。早上我得到消息赶到家里，所有的家人都来了，爷爷像平时一样笑眯眯地半坐半靠在床上。不知是因为他身上受过的伤还是当年行军打仗的习惯，打从我记事起爷爷从没有平躺着睡过觉，总是这么半坐半靠着。床边的衣架上挂着半瓶没有打完的点滴，妈妈对我说："你爷爷醒来后自己拔了针头，不肯吃药也不肯打针，他最喜欢你，也最听你的话，你哄他把药吃了吧。"那是一包小颗粒的中成药，我拿了一颗放到自己嘴里吃了，告诉爷爷很好吃，爷爷笑着说："好吃就吃了吧。"吃完药他就催促我们说："我好了，你们该上课上课，该上班上班，都走吧！"我们不肯，他执意要我们走。等我上完两节课，妈妈打电话说："赶紧回来吧，你爷爷去世了！"回到家里，我第一次看见爷爷平躺在床上，爷爷就这么走了，走得那么平静，那么匆忙。临终前，他唯一的要求，就是给他穿上一套军装。这就是我的爷爷，一个普普通通的红军老战士，不给部队添麻烦，不给政府添麻烦，不给首长添麻烦，甚至也没给家人添一点儿麻烦！为此我和爸爸妈妈不止一次后悔，如果不把他接到城里，让他留在南泥湾，也许爷爷不会走得那么快！

直到后来，我和爸爸、弟弟回到安徽老家时，我才真正理解了，爷爷为啥不愿离开南泥湾，也从没回过老家。原来，爷爷姊妹五人，爷爷和两个弟弟都出来当了红军。红军走后，白匪还乡团回来，把爷爷的父母及大哥一家全杀了，白匪把爷爷父母的头挂在一座山上，身体挂在另一座山上。只有我大爷家一个 10 岁的儿子张尚稳，因为跟着邻居去赶集才逃下了一条命。从小他就成了孤儿，是吃百家饭，穿百家衣长大的，穷得连媳妇都娶不起，后来收留了一个河南讨饭来的女人做老伴，还不会生育，他们一辈子没有孩子。新中国成立后，他一直盼着出去当红军的亲人能跟老家联系，可直到有了我爷爷的消息，也没见我四爷和五爷跟老家联系过，显然他们已经牺牲了。我们行走在老家陌生的小道上，站在老家山岗的竹林边，别提心里有多难过，因为只有大伯一个人步履蹒跚地陪着我们，我们想祭奠一下遇害和牺牲的先人，都找不到他们的坟头。

老家是爷爷的伤心地，参加红军后出生入死、南征北战从未停下脚步，只有南泥湾才是他真正生活、战斗过的地方，这里埋着他许多出生入死的战友，这里埋着他患难与共的妻子，这里更是他永远的精神家园！

为了自己的信念，为了首长的嘱托，爷爷用行动和生命在这里坚守了整整 53 年！

爷爷这种对党忠诚，对国家政策的恪守，以及执着、正直、无私的革命情怀，潜移默化地影响着我们全家人，让我们树立了正确的人生观、价值观。一直以来，忠诚、正直、自立就是我们的家风！

　　参加工作以后，我越来越懂得：爷爷只是三五九旅的普通一兵，当年像爷爷一样的老红军、老革命，不是十个八个，也不是几十几百，而是上千过万，他们经受了血与火的洗礼，经历了生与死的考验。不忘初心，对党忠诚，信念坚定，克己奉公，已经渗入他们的骨髓血液，融入他们的日常生活，成为他们自觉的行动，是他们一生恪守的生活准则，更是他们战胜一切困难的精神动力。

· 结 束 语 ·

　　今天我们在这块红色的土地上，分享我爷爷的故事，回望南泥湾那段火红的岁月，就是要把这种精神传承下去！新时代，新征程，让我们不忘初心、牢记使命，在自己的岗位上恪尽职守，鼓劲扬帆再出发，一往无前向未来。

参考文献

图书

《习近平著作选读》第一卷，人民出版社 2023 年版。

《习近平著作选读》第二卷，人民出版社 2023 年版。

《习近平谈治国理政》第二卷，外文出版社 2017 年版。

习近平：《高举中国特色社会主义伟大旗帜 为全面建设社会主义现代化国家而团结奋斗——在中国共产党第二十次全国代表大会上的报告》，人民出版社 2022 年版。

习近平：《决胜全面建成小康社会 夺取新时代中国特色社会主义伟大胜利——在中国共产党第十九次全国代表大会上的报告》，人民出版社 2017 年版。

《中共中央关于党的百年奋斗重大成就和历史经验的决议》，人民出版社 2021 年版。

《习近平新时代中国特色社会主义思想三十讲》，学习出版社 2018 年版。

《习近平总书记系列重要讲话读本（2016 年版）》，学习出版社、人民出版社 2016 年版。

马克思、恩格斯：《马克思恩格斯选集》第四卷，人民出版社 1995 年版。

《毛泽东选集》第二卷，人民出版社 1991 年版。

《毛泽东选集》第三卷，人民出版社 1991 年版。

逄先知、金冲及：《毛泽东传》，中央文献出版社 2003 年版。

中共中央文献研究室编：《毛泽东年谱（一八九三——一九四九)》（修订本）中卷，中央文献出版社 2013 年版。

中共中央文献研究室、中央档案馆编：《建党以来重要文献选编（1921—1949)》第 15 册，中央文献出版社 2011 年版。

中共中央文献研究室、中央档案馆编：《建党以来重要文献选编（1921—1949)》第 22 册，中央文献出版社 2011 年版。

中共中央文献研究室编：《毛泽东在七大的报告和讲话集》，中央文献出版社 1995 年版。

[美] 埃德加·斯诺：《毛泽东自传》，中国青年出版社 2009 年版。

中央档案馆、中共中央文献研究室：《中共中央文件选集》，人民出版社 2013 年版。

中共延安市委统战部组编：《延安时期统一战线研究》，华文出版社 2010 年版。

中国延安精神研究会、延安精神研究课题组：《论延安精神》，高等教育出版社 2008 年版。

中国人民解放军军事科学院编：《毛泽东军事文选》，中国人民解放军战士出版社 1981 年版。

中共安顺市委：《王若飞文集》，人民出版社 2014 年版。

中共中央党史研究室：《关山度若飞——王若飞百年诞辰纪念集》，中央党史出版社 1996 年版。

中国白求恩精神研究会：《纪念白求恩文集》，人民出版社 1979 年版。

中国延安精神研究会、延安精神研究课题组：《论延安精神》，高等教育出版社 2008 年版。

中国延安干部学院编：《红色延安的故事·清正廉洁篇》，党建读物出版社 2016 年版。

中共中央文献研究室编：《毛泽东在七大的报告和讲话集》，中央文献出版社 1995 年版。

中国延安干部学院编：《延安时期与中国共产党发展论集》，中央文献出版社 2011 年版。

中国延安干部学院编：《延安时期大事记述》，中央文献出版社 2010 年版。

中共中央党校（国家行政学院）科研部编：《"中共中央转战陕北"高端理论研讨会论文集》，中共中央党校出版社 2021 年版。

［美］埃德加·斯诺：《西行漫记》，东方出版社 2005 年版。

罗平汉：《永远的延安精神》，陕西人民出版社 2024 年版。

安振华：《继承延安文艺光荣传统　坚持先进文艺前进方向　延安时期与延安精神研究》，陕西新华出版传媒集团，陕西人民出版社 2014 年版。

北京抗大光荣传统研究会：《抗大精神　永放光芒》，长征出版社 2003 年版。

《陈毅诗词集》（上、下），中央文献出版社 2012 年版。

付建成：《延安时期与中国共产党的发展论集》，中央文献出版社 2011 年版。

《胡乔木回忆毛泽东》，人民出版社 1994 年版。

《怀念习仲勋》编写组编：《怀念习仲勋》，中共党史出版社 2005 年版。

华强等:《血肉长城 1937 年至 1945 年的中国故事》,上海锦绣文章出版社 2009 年版。

张献生:《坚持统一战线》,人民日报出版社 2022 年版。

霍向贵:《陕北民歌大全》(下册),陕西人民出版社 2009 年版。

冀军梅、侯志宏:《白求恩的故事》,河北少年儿童出版社 1996 年版。

贾兴安:《少年红色经典——王若飞》,二十一世纪出版社 2011 年版。

孔祥涛、孙先伟、刘翔宇:《毛泽东家风》,中国文史出版社 2013 年版。

李维汉:《回忆与研究》(下),中共党史资料出版社 1986 年版。

梁星亮、杨洪、姚文琦:《陕甘宁边区史纲》,陕西出版集团,陕西人民出版社 2012 年版。

李颖:《党代会历史细节:从一大到十八大》,党建读物出版社 2017 年版。

李志民:《抗大——革命熔炉》,中共党史资料出版社 1986 年版。

[加拿大] 拉瑞·汉纳特:《一个富有激情的政治活动家》,齐鲁书社 2005 年版。

栗龙池:《这就是白求恩》,中国文史出版社 2012 年版。

马小芳:《中国共产党与阎锡山集团统一战线研究》,中共党史出版社 2005 年版。

孟庆宇:《中华魂·铁窗难锁钢铁心——革命先烈王若

飞》，吉林人民出版社 2011 年版。

马国庆：《白求恩援华抗战 674 个日夜》，人民文学出版社 2015 年版。

全国政协文史资料研究委员会华侨组编：《峥嵘岁月》，中国文史出版社 1988 年版。

任文：《我要去延安》，陕西师范大学出版社 2014 年版。

陕甘宁边区财政经济史编写组，陕西省档案馆：《抗日战争时期陕甘宁边区财政经济史料摘编：第二编　农业》，陕西人民出版社 1981 年版。

上海抗日军政大学研究会暨校友联谊会：《抗大校友回忆录选集》，上海市新闻出版局 1999 年版。

[加拿大] 泰德·阿兰、[加拿大] 赛德奈·戈登：《手术刀就是武器》，生活·读书·新知三联书店 1979 年版。

王树增：《解放战争》（上），人民文学出版社 2009 年版。

杨植霖等：《王若飞在狱中》，中国青年出版社 1961 年版。

闫伟东：《解决文艺的革命方向问题——召开延安文艺座谈会，中共中央在延安十三年纪实》，陕西新华出版传媒集团，陕西人民出版社 2016 年版。

章学新：《白求恩传略》，福建人民出版社 1984 年版。

期刊

边斋：《我是靠总结经验吃饭的》，《新湘评论》2011 年第 8 期。

曹光章：《毛泽东〈讲话〉的历史命运及其现实意义》，《西部学刊》2013 年第 12 期。

范连生：《新时期以来中共六届六中全会研究述评》，《抗战史料研究》2016 年第 2 期。

黄允升:《毛泽东与中共六届六中全会》,《党的文献》2004 年第 1 期。

古小丹:《略论中共与张学良会谈对双方的影响》,《兰台世界》2006 年第 22 期。

罗平汉:《中共六届六中全会相关问题再探讨》,《安徽史学》2019 年第 4 期。

李瑞芳:《六届六中全会的三个〈决定〉》,《中国档案》2020 年第 6 期。

刘晶:《延安文艺座谈会与毛泽东革命文化思想的发展》,《中国延安干部学院学报》2013 年第 7 期。

孟长勇:《论延安文艺的开放精神》,《延安大学学报》2012 年第 6 期。

苗体君:《青年王若飞马克思主义世界观形成的过程》,《湖南第一师范学院学报》2017 年第 8 期。

秦孝仪主编:《中华民国重要史料初编·对日抗战时期绪编(三)》,转引自袁武振、梁月兰:《国民党第五次代表大会是其政策转变的起点》,《史学月刊》1987 年第 3 期。

宋严:《肇启·转向·传承——中国共产党领导核心制度发展轨迹解读》,《辽宁师范大学学报》2018 年第 3 期。

谭虎娃:《飞跃与芜杂——延安文艺座谈会前的文艺状况》,《延安大学学报》2014 年第 10 期。

田向利:《不忘初心 维护核心 服务中心 凝聚人心——新时代统战工作定位探析》,《四川省社会主义学院学报》2020 年第 1 期。

王建国:《〈在延安文艺座谈会上的讲话〉在 1943 年正式

发表的缘由》，《党的文献》2012 年第 4 期。

王东、王建瑛：《六届六中全会在党的政治建设史上的地位及启示》，《北京联合大学学报》2020 年第 18 期。

王裕娜：《从毛泽东备课说起》，《内蒙古教育》1994 年第 2 期。

习近平：《一个国家、一个民族不能没有灵魂》，《当代党员》2019 年第 5 期。

闫玉凯：《论白求恩精神的形成发展及时代内涵》，《学理论》2010 年第 4 期。

叶介甫：《李锡九：双重身份的传奇人生》，《文史春秋》2015 年第 5 期。

赵飞：《"笔杆子"与"枪杆子"——延安文艺座谈会前的部队文艺与〈在延安文艺座谈会上的讲话〉》，《文教资料》2011 年第 8 期。

赵芬、张文娟、李恩侠：《中共历史上的历次六中全会》，《党史博采》2016 年第 12 期。

周炳钦：《持久抗战："日本必败，中国必胜"》，《党史博览》2018 年第 5 期。

张震、闫盼：《西安事变前中国共产党对张学良、杨虎城的统战工作》，《新西部》2017 年第 33 期。

报纸

习近平：《在庆祝"五一"国际劳动节暨表彰全国劳动模范和先进工作者大会上的讲话》，《人民日报》2015 年 4 月 29 日。

胡锦涛：《坚持发扬艰苦奋斗的优良作风，努力实现全面建设小康社会的宏伟目标》,《人民日报》2003 年 1 月 3 日。

聂荣臻:《要拿我当一挺机关枪使用——怀念白求恩同志》,《人民日报》1979 年 11 月 9 日。

莫艾:《模范英雄吴满有是怎样发现的》,《解放日报》1942 年 4 月 30 日。

毕远佞:《毛泽东谈延安"雷击事件":允许群众发牢骚》,《北京日报》2016 年 4 月 25 日。

冯建玫:《王若飞:忠诚干净担当的革命家》,《学习时报》2018 年 6 月。

李培之:《飞度关山的人》,《人民日报》1982 年 4 月 4 日。

水柏:《延安行脚》(译自《亚细亚》杂志一月号),《申报》(香港版)1939 年 2 月 7 日。

王恩茂:《三五九旅的开荒工作》,《解放日报》1943 年 5 月 6 日。

王晓莉:《抗战时期爱国青年奔赴延安的原因与现实启示》,《西安日报》2015 年 7 月 13 日。

曾庆瑞:《礼赞人间正气,讴歌人间真情》,《人民日报》2012 年 12 月 14 日。